KUNST DER WELT

HOLLE

KUNST DER WELT

IHRE GESCHICHTLICHEN, SOZIOLOGISCHEN

UND RELIGIÖSEN GRUNDLAGEN

HOLLE VERLAG · BADEN-BADEN

DAS ARCHAISCHE GRIECHENLAND

VON

E. HOMANN-WEDEKING

HOLLE VERLAG BADEN-BADEN

IN MEMORIAM
HUMFRY PAYNE

UMSCHLAG: Kopf einer Kore von der Akropolis. Attisch, um 510 v. Chr. *Marmor, Höhe 14,25 cm. Athen, Akropolis-Museum.*

ZUERST VERÖFFENTLICHT 1966
PAPERBACK-AUSGABE 1975 (UNVERÄNDERTER NACHDRUCK)
ISBN 3 87355 119 5

PRINTED IN HOLLAND
PHOTOMECHANISCHER NACHDRUCK
ČGP DELO, LJUBLJANA, JUGOSLAWIEN

I. GEISTIGE KONZEPTION: DIE GEOMETRISCHE EPOCHE (etwa 1050–700 v. Chr.)

Urväterhausrat waren für die Griechen der frühgeschichtlichen Zeit alle jene Gefäße und Geräte, die ihre Vorfahren vor dem endgültigen Seßhaftwerden der Stämme verfertigt hatten. Und als die Arbeitsleistung der ›Kyklopen‹ erklärte man sich die mächtigen Mauern der prähistorischen Burgen. Sie blieben, wo sie sich sichtbar erhalten hatten, scheu und ehrfurchtsvoll bestauntes Erbe aus einer rationell unverständlichen Vergangenheit, in der Menschen gelebt hatten, so, »wie sie damals waren« und wie von ihnen schon in der Ilias der Greis Nestor als von einer längst vergangenen Zeit spricht. Die Heroen selbst, von denen der religiöse Mythos und die Heldengesänge berichteten, und ihre Gräber ragten in die Gegenwart hinein und erfuhren verehrenden Kult. Ja, man fand wohl auch einmal Knochenreste aus dem Grab eines dieser Gewaltigen der Vorzeit, wie Plutarch anläßlich der Umbestattung des Theseus überliefert.

Die Epoche, in die die geschichtliche Erinnerung der Griechen selbst die Entstehung des für alle gemeinsamen Namens der Hellenen (Héllenes) gespiegelt hatte, in der die jonisch und dorisch sprechenden Stämme und wiederum die äolisch und die attisch sprechenden Jonier sich klar von einander absetzten, bedeutet auf das Ganze gesehen die Neugründung der griechischen Nation. Sie manifestiert sich in der Schöpfung einer neuen Kunst.

Etwas von dem fast gemütvoll Urtümlichen, das prähistorische, ohne Drehscheibe gearbeitete Töpfe immer und überall in ihrer gebauchten, umfangenden Form bewahren, tragen ebenso selbst die technisch besten, ja manchmal raffinierten Schöpfungen kretischer Töpfer aus der Hochblüte minoischer Zivilisation als Merkmal an sich. Gefäß kann etwas sehr Verschiedenartiges sein. Dem *gleichen* Zweck können unterschiedliche Gestaltung und unterschiedlichster Dekor dienen.

Natürlich haben die meisten der Töpfer, die im 2. Jahrtausend v. Chr. für die Herren der mykenischen Burgen und der minoischen Paläste, aber auch für die Bevölkerung insgesamt arbeiteten, die

Drehscheibe benutzt. Denn das Vorhandensein dieses technischen Hilfsmittels und seine Verbreitung in Kleinasien und im östlichen Mittelmeer geht bereits in das 3. oder gar 4. vorchristliche Jahrtausend zurück. Aber der Umriß dieser auf der Drehscheibe hergestellten Tonware erscheint wie ein zufälliger Ausschnitt aus einer fortlaufenden Kurve, Teil einer Wellenbewegung, die von Naturgesetzen abhängig ist, aber nicht vom menschlichen Willen, von geistiger Konstruktion. Die Dekorationsmuster dieser Gefäße sind gern solche des sogenannten ›unendlichen Rapports‹; wenn Bilder aufgemalt werden, behält der Rahmen und die Komposition im Rahmen etwas Unbestimmtes – jedenfalls bedeutet der jeweilige Bildabschluß nicht eine unwiderrufliche, klare Begrenzung.

ABB. 1 Wir müssen uns vergegenwärtigen, daß bei einer mit linearen, geometrischen Mustern verzierten Grabvase des 8. Jahrhunderts v. Chr., die einst als Denkmal auf dem Grab selbst stand und es bezeichnete, Material und Technik die gleichen wie in kretisch-mykenischer Zeit sind, daß sich die Erscheinung des Grabdenkmals aus allerdings viel kleineren, früheren Vorformen entwickelt hat. Denn etwas ungeläufig Neues, etwas Einfaches und zugleich Großartiges, scheint plötzlich und nahezu unvorbereitet aufgetaucht. Und so ist es.

Einsicht in das Ganze ist am besten möglich, wenn man bei der Betrachtung von der kleinsten Einzelheit ausgeht. Das sind die Striche, aus denen die Dekoration besteht. Diese Striche sind mit der größten Schärfe und Sicherheit gezogen. Die schmalen Horizontalreifen etwa wohl so, daß ein feiner Pinsel fixiert an die Wandung des Gefäßes gehalten wurde, das auf der rotierenden Drehscheibe stand. Für die längeren senkrechten Striche ist sicher ein Lineal zu Hilfe genommen; die Gruppen kürzerer Parallelstriche sind wohl mit kleinen Bürsten, die in gleichen Abständen feine Pinsel trugen, gezogen worden. Während in einer etwas früheren Entwicklungsphase die Kreise und Kreis-Abschnitte, und vor allem enge konzentrische Kreise für die Bemalung die Hauptrolle spielten, sind hier die kurvigen, auch regelmäßige Kreis-Formen völlig zurückgedrängt. Statt ihrer ist an einer innerhalb der Gefäßsymmetrie wichtigsten Stelle, in der Mitte der Henkelzone, das streng symmetrisch komponierte Figurenbild aufgetreten.

Die Bildthemen auf solchen Vasen sind nicht beliebig; sie hängen eng mit der Bestimmung der Vase, mit der tief religiösen Todesvorstellung und mit den bis ins einzelne rituellen Grabgebräuchen zusammen. Die Totenklage hat dabei die Hauptbedeutung. Die Figuren selbst aber sind in einer abstrakt erfühlten, extrem artikulierten, sind in der gleichen geometrischen Form gegeben, von der auch jedes einzelne Ornament und das Gesamtbild der Ornamentik zeugen. *Bildthemen*

Der Sinn des Gesamtbildes tritt am stärksten in den Mäanderformen zutage. In ihrer Struktur ließen sich diese fortlaufenden, in sich retardierten, gleichförmigen, aber nie eintönigen Ornamentbänder mit dem kunstvoll und doch außerordentlich einfach gebauten homerischen Vers, dem daktylischen Hexameter vergleichen. Gerade weil ein solcher Vergleich nur das Allgemeinste, den Grundcharakter trifft, ist er wichtig zum Verständnis. Denn er beweist, daß für die Kunstformen sowohl in den gemalten Bildern wie in der Dichtung die gleichen Voraussetzungen gelten, nämlich die Vorstellungswelt und die Denkformen der damaligen Zeit. Der lebende Mensch empfand sich nicht als Einheit, sondern als gleichgeordnete Vielheit verschiedenster physischer, psychischer, geistiger, aktiver, aber vor allem auch passiver, Eindruck und Erfahrung aufnehmender Qualitäten. Die breiten Mäanderbänder sind in ihrer antithetischen, gewinkelten Gestalt gleichsam ein Sinnbild dieser mannigfaltigen Kräfte. Auch die einander widerstrebenden Richtungen werden in den Mäandersystemen zur Ordnung gefügt. Es hat aber der Körper der Gefäße selbst, die die Ornament- und Figurenbilder tragen, ebenso an dem in dem Mäander erscheinenden Formprinzip teil. Das verrät die Präzision des Umrisses und die exakte Entsprechung der einzelnen Gefäßteile zueinander im Sinne einer nicht organisch, sondern gleichsam kristallinisch zusammengeschlossenen Komposition.

Jonien und Athen Wenn es ungewiß ist, in welcher Landschaft Griechenlands die ersten Anfänge griechischer Sprachmetrik zu suchen wären: die Entwicklung zu den reifen, trotz ihrer Einfachheit höchst strengen und an diffizile Regeln gebundenen Hexametern und Distychen (Homer und Archilochos) hat in Jonien stattgefunden. Die ersten

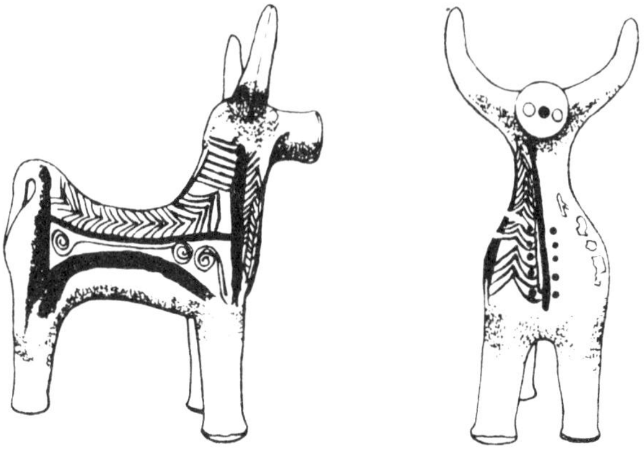

Fig. 1 – Spätmykenischer Stier aus Attika, Terrakotta. Berlin (Prähist. Zeitschrift 19, 1928, 311 Taf. 35)

Anfänge ›geometrischer‹ Gefäß- und Bildform jedoch liegen in der durch Zusammenfassung dörflicher Gemeinden entstandenen Stadt der Athener, die sich rühmten, Ureinwohner ihres attischen Landes zu sein. Aber fast mehr noch ist es für das gesamthellenische Wesen des neuen Stils bezeichnend, daß er sofort nach den ersten Anstößen das ganze Griechenland erobert und daß die weitere Ausbildung und Vollendung der Formen parallel in beinahe allen griechischen Gebieten vor sich geht – nur die östlicheren jonischen Landschaften und dorische Inseln, wie Rhodos, die als Enklave innerhalb des jonischen Bezirks lagen, haben sich der geometrischen Kunst nie völlig erschlossen.

KLEINPLASTIK

Unter diesen Voraussetzungen soll nach der Art der Menschen gefragt werden, die den neuen Stil geschaffen und getragen haben. Haben diese Menschen von sich selber in ihrer Kunst Zeugnis gegeben? Dies Zeugnis würde man erwarten in der Skulptur, in der der Mensch nicht als dreieckhaft unterteilte Silhouettenfigur, sondern räumlich-körperlich gestaltet wird.

Nun ist gewiß nicht nur die Mißgunst des Verlustes daran schuld, daß griechische Großplastik für unsere Kenntnis erst nach den ersten Jahrzehnten des 7. Jahrhunderts v. Chr. einsetzt. In der geometrischen und unmittelbar vorausliegenden Zeit ist aber auch die Kleinplastik verhältnismäßig spärlich. Wenn das monumentale

Fig. 2 – Frauenfigur aus Terrakotta. 10. Jahrhundert v. Chr. Athen, Kerameikos-Museum (Kerameikos, Erg. der Ausgrabungen IV Taf. 31, oben Mitte)

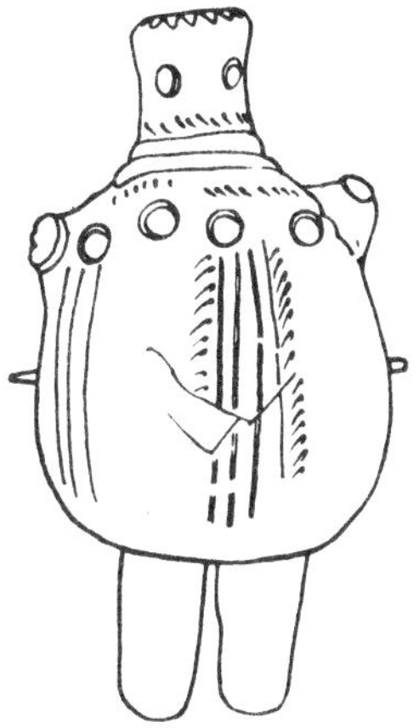

plastische Gefühl sich adäquaten Ausdruck in technischen und künstlerischen Meisterstücken wie der Grabvase von absolutem Menschenmaß geschaffen hat, die zugleich in ihrer Form das spezifisch geometrische Kunstprinzip rein vertreten – die tönerne Kleinplastik mit den Themen von Mensch und Tier hinkt hier nach, ist noch Ausläufer anderer, älterer Tradition.

Das hängt damit zusammen, daß vor allem die Tierfiguren in gleicher Technik geformt wurden wie die Gefäße. Mit Hilfe der Drehscheibe wurde der Rumpf hergestellt, der – auch wenn das Ganze nicht als plastisch gestaltete ›Vase‹, als Rhyton (Trinkgerät) oder dergleichen dienen sollte – mit einer Öffnung, z. B. auf der Brust, versehen wurde. Dieser walzenförmige hohle Körper wurde an einzelnen Stellen der Oberfläche leicht modelliert, dann wurden Gliedmaßen, Hals und Kopf angefügt, und schließlich das Ganze bemalt und gebrannt. Massive Tonfiguren von Mensch und Tier waren deswegen schwerer herzustellen, weil die voluminösere Tonmasse sich hier nicht so hart brennen ließ. Es bestand beim Schrumpfungsprozeß während des Brandes in viel höherem Maße die Gefahr des Reißens und Brechens der Masse. Jedenfalls sind alle diese in ihrer Konzeption und in ihrer Technik noch in althergebrachter Überlieferung befangenen plastischen Erzeugnisse nicht geeignet, die neuen Strukturprinzipien geometrischer Kunstform auszudrücken. Erst als man wieder beginnt, sich der Bronzelegierung als Material zu entsinnen, entstehen Gestalten, die zwar der geometrischen Kunst zugehören, die aber doch nicht ganz, und die vor allem nicht *nur* diesem unerbittlich mathematischen, klar bewußten Formprinzip folgen.

FIG. 3

FIG. 2

Fremde Einflüsse

Für Vergleichsbeispiele zur griechisch-geometrischen Gefäßbemalung wurde von der Spezialforschung auf das südliche Vorderasien, auf die Landschaft um Belgrad oder auch das südliche Mittelitalien hingewiesen. Es ist trotzdem sicher, daß das in Griechenland

Fig. 3 – Protogeometrischer Hirsch, Terrakotta. 10. Jahrhundert v. Chr. Athen, Kerameikos-Museum (Kerameikos, Erg. d. Ausgrabungen IV Taf. 26 oben)

neu Entwickelte seiner Art nach bodenständig und einem schöpferischen Augenblick von Welt-Bedeutung entsprungen, im Kern unbeeinflußt ist. Anders bei den Bronzestatuetten. Sie sind ohne syrische und althettitische Vorbilder, ohne ein ›Kulturgefälle‹ von Osten nach Westen nicht zu denken. Obwohl – wie später noch oft – die Anregung eingeformt, entscheidend umgeformt wird.

ABB. 2 Eine Kriegerstatuette zeigt auf früher Stufe den neuen Geist. Allerdings – dem unvorbereiteten Betrachter dieser Figur fällt zunächst nur eine höchste Primitivität, ja vielleicht sogar Roheit in der Verwendung der Ausdrucksmittel auf. Erst wenn man ein wenig vertraut ist mit den Voraussetzungen derartiger Gestalten in der damaligen Welt, wenn man eine gewisse Vorstellung von bronzezeitlicher Plastik in Europa und Vorderasien hat, wenn man aber auch weiß, daß die Kriegerstatuette virtuell gleichzeitig mit den monumentalen keramischen Schöpfungen und auch mit den frühesten griechischen Tempeln entstanden ist, gewinnt man Einsicht in das Besondere, und das heißt nicht mehr und nicht weniger als: das weltgeschichtlich Bedeutsame dieser Bronzefigur.

Der Frage, *wen* die Figur darstellt, muß diejenige, einfachere vorausgehen, was dargestellt sei. Wir müssen uns, natürlich, bei der Beschreibung *unseres* Sehvermögens, unserer Denkformen, unserer Paraphrasierungsmöglichkeiten bedienen, ohne auch nur einen Moment zu glauben, daß im frühen 1. Jahrtausend v. Chr. die

Statuette mit den gleichen Augen hätte gesehen, mit den gleichen Worten hätte beschrieben werden können.

Vor uns steht aufrecht ein schlanker Mann, anscheinend nackt bis auf einen doppelten ›Gürtel‹ und einen Helm, der selbst zwar nicht deutlich wird, wohl aber sein gezackter Helmbusch. Der Mann steht ruhig, die Beine sind leicht gespreizt; die Oberarme sind waagrecht vom Körper abgestreckt, die Unterarme und Hände erhoben. In dem flachen Gesicht sind Augen und Mund durch je eine horizontale Kerbe angedeutet, ähnlich die Knie durch je zwei Kerben. Die als kleine Zacken dargestellten Finger, je fünf, und Zehen (an jedem Fuß vier) entsprechen in ihrer Form den Zacken des Helmbusches. Mit den Zapfen, die unter den Füßen noch erhalten sind, war die Statuette entweder in eine eigene Basis eingelassen oder mit einem Gerät oder Möbel verbunden.

Abgesehen von den Unterschieden der Kunstgattung und der absoluten Größe zeigt der Krieger im Vergleich zur Grabvase zwar ABB. I eindeutig auch einen Unterschied in der Qualität. Rein technisch, keramisch ist die Grabvase ein kaum glaubliches Meisterstück. In der Komposition der Ornamente, des Bildes von Aufbahrung und Totenklage, der beiden Tierfriese steht der Maler hinter dem Töpfer nicht im mindesten zurück. Das Gefäß ist im Zentrum der damals führenden keramischen Werkstätten, ist in Athen entstanden und die geschultesten und klarsten Künstler ihrer Zeit haben es vollendet. Demgegenüber hat die Bronzestatuette gewiß etwas deutlich Provinzielles. Das einheitlich Griechische jedoch und die Haltung der Epoche kommt gleichermaßen in beiden Werken zum Ausdruck.

Für die Keramik erschienen die geometrischen Ornamente, besonders der Mäander als so charakteristisch, daß man den ganzen Zeitabschnitt von etwa 1050 bis 700 v. Chr. als ›geometrisch‹ bezeichnet hat. Die Geometrie als Meßkunst, als Wissenschaft und Denkform ist aber zweidimensional, basiert auch als sphärische Geometrie primär noch auf der Fläche. Plastische Schöpfungen jedoch stehen im Raum und sind dreidimensional in ihrer Ausdehnung. Dasjenige, was in der künstlerischen Gestaltung der Flächenkunst durch einfache geometrische Formen wiedergegeben ist, drückt sich ent-

sprechend in der Plastik durch *stereometrische* Formen aus. Diese künstlerische Konstruktionsform, die etwas spätere Bronzestatuetten vollendet zeigen, ist in der Kriegerstatuette in ihren Anfängen zu erkennen. Der Körper hat kaum plastisches Volumen. Es ist, so möchte man formulieren, nicht die Gestalt als solche dargestellt, sondern vielmehr ihr Konstruktionsschema, ein allerdings durchaus im Raum orientiertes ›Gerüst‹. Bei dieser Orientierung spielt eine gewisse Symmetrie die Hauptrolle und eine Bevorzugung des rechten Winkels, in der Vertikale sowohl wie in der Horizontale. Die Stilisierung der menschlichen Gestalt in der griechisch-geometrischen – und ebenso etwa in der ägyptischen – Flächenkunst hat man sehr treffend als ›wechselansichtig‹ bezeichnet: während Kopf und Beine im Profil erscheinen, ist die Brust in Vorderansicht wiedergegeben. Es handelt sich um eine Konvention, die nur in der zweidimensionalen Kunst Sinn hat, ihren Sinn haben *kann.* Im Gegensatz hierzu ist auch eine provinzielle Statuette, in der die Substanz als geformte Masse so gut wie gar nicht in Erscheinung tritt, *Plastik,* d.h. raumhaft. Es darf nun nicht behauptet werden,
ABB. 41 eine kontinuierliche Ableitung einer um 300 Jahre jüngeren Statue sei gleichsam aus dem Keim der stereometrischen Formgebung, wie die Statuette sie zeigt, möglich. Aber wir können uns zur Deutung der Statuette schon einiger Definitionen bedienen, die uns auch den eigentlichen Kern viel späterer Gestaltungen erst verständlich machen.

Der Künstler arbeitet mit Formeln, die man auch – um das Gemeinte noch mehr zu präzisieren – Ideogramme nennen mag. Einkerbende Meißelschläge bezeichnen Auge, Mund und Knie; der Helmbusch den Helm, der ›Gürtel‹ wohl den unteren Rand des – nicht dargestellten – Panzers; die Zacken bezeichnen Finger, Zehen und aufgesträubten Busch des Helmes. Die erhobenen Arme, die geöffneten Hände sind eine Sakralgebärde, die Gebet bedeutet, dann auch die Erscheinung der durch das Gebet herbeigerufenen Gottheit, die Epiphanie charakterisiert. Was aber der Figur die Gestaltungseinheit gibt und sie damit erst zum Kunstwerk macht, ist ihre lebendige Dynamik. Diese zeigt sich in den geringen Abweichungen von der strengen Symmetrie, im bewegten Fluß der stereometrischen Formen trotz thematisch ruhiger Haltung, im einheitlichen Symbolcharakter der genannten Formeln, vor allem aber in der expressiven Stärke dieser Formeln. So wird beim ersten Anblick sinnfällig, daß nicht *irgendeine* menschliche Gestalt dargestellt sein soll, sondern ein Mann und – noch konkreter – ein Krieger und dieser, durch die Geste der Arme bestimmt, in der Sakralsphäre, also Adorant oder Gott.

Religiöse und soziologische Voraussetzungen

Unter welchen Voraussetzungen der menschlichen Gemeinschaft, Voraussetzungen religiöser und staatlicher Art, stand eine solche Darstellung?

Neben den zahlreichen Hinweisen, die wir der archäologischen Erforschung der Kulturschichten im Erdboden verdanken, ist die *Ilias* das wichtigste Dokument zur Beantwortung dieser Frage. Das Leben der Menschen wurde bestimmt vom großen Krieger, er vertrat und schützte die Gemeinschaft. Die olympischen Götter, so sehr vor allem bei den großen weiblichen Gottheiten noch Züge eines urtümlichen oder orientalischen Mutter-, ja Vegetationskultes durchscheinen, sind menschlich persönliche Wesen in einem Zustand höchster Vollkommenheit. Der Weltherrscher und Blitzgott Zeus – er trug den Helm (Pausanias V 17, 1) – ist Krieger, und Krieger ist auch sein Sohn Apollon, reinstes Sinnbild neuer, *griechischer* Religiosität. Für den Beruf des Kriegers bedurfte es notwendigerweise eines besonderen Handwerkszweigs, der Waffenschmiede, die auch wohl für bestimmte Waffen spezialisiert waren. Auch die Ärzte waren zunächst als Wundärzte notwendig, für den Ernstfall. Allerdings stellten die Schmiede auch Acker- und Hausgerät her. Auch gab es Schnitzer und Tischler, Musikanten und Sänger; von den Malern und Töpfern war impliziert schon die Rede. Ein vielfältiger Handwerker- und, wenn man so will, Künstlerstand also. Aber die wirtschaftliche Hauptgrundlage des Lebens blieb der Ackerbau, die der Zahl nach größte Menge der Bevölkerung gehörte dem Bauernstand an; zum Ackerbau kamen Fischfang und Jagd hinzu.

Die Fürsten, die mit ihrer körperlichen Kraft, mit ihrem Mut, mit ihrer Geschicklichkeit im Gebrauch der Waffen die Umwohnenden beschützten, waren die eigentlichen Besitzer aller Erwerbsquellen, vor allem Eigentümer von Grund und Boden. Ein patriarchalisches Königtum, das an mehreren Brennpunkten der Entwicklung wohl während des 9. Jahrhunderts zum städtischen Königtum wird. In dem griechischen Stamm, der am kräftigsten historisches Bewußtsein ausgebildet hat, in Athen, wurde dies Ereignis in Bilder der Zusammensiedlung von mehreren getrennten Dörfern zu einer Stadtsiedlung im eigentlichen Sinn, die man dem König Theseus zuschrieb, gesehen.

Wenn gewiß auch die Verhältnisse im einzelnen in den verschiedenen griechischen Landschaften modifiziert waren und wenn natürlich auch der Rhythmus der geschichtlichen Entwicklung nicht überall der gleiche war – im großen ganzen gelten die genannten Gemeinschafts- und Lebensformen in der geometrischen Zeit für ganz Griechenland. Was aber hat die bildende Kunst hiervon dar-
ABB. 1 gestellt? In den figurenreichen Szenen der Vasenbilder hatten wir bereits Bestattungsriten erkannt. Also *keine* mythologischen Bilder, sondern stilisierte, geläuterte Wiedergabe der Gegenwart. Hierzu gehören auch die Wagenfahrten, die in kaum veränderter Wiederholung der Typen die Gefäße umziehen; eher Darstellung von Trauerprozession und Leichenzug, als von am Grab oder Scheiterhaufen ausgetragenen Wettfahrten. Als Vorgeschichte zu all diesen sepulkralen Ereignissen wird man die Land- und Seeschlachten beurteilen dürfen; und wenn schon diesen vielleicht manchmal ein weniger in allen Einzelheiten tatsächlicher Charakter, sondern ein Symbolcharakter, im Sinn eines allgemeineren Hinweises auf das Todesschicksal, zukommt, dann gilt wohl das gleiche für die Darstellungen unglücklich verlaufender Jagdabenteuer und kläglichen Schiffbruchs. Musik- und Sportbilder lassen sich als Darstellungen von Wettkämpfen, die ebenfalls zum Totenkult gehören, verstehen. Während alle diese Bilder sich auf Gefäßen befinden, die entweder auf dem Grab aufgestellt oder dem Verstorbenen ins Grab mitgegeben waren, stammen die meisten der gleichzeitigen Ton- und Bronzestatuetten aus Heiligtümern. Aber sind es Votivfiguren, die den Stifter darstellen, oder ist es das Bild der Gottheit, das sie wiedergeben? In den meisten Fällen ist eine sichere Entscheidung nicht möglich. Zwar wird man wahrscheinlich mit Recht die kleinen

Fig. 4 – Deckel einer frühgeometrischen Tonpyxis mit Pferdegriff, Athen, Kerameikos-Museum (F. Matz, Frühgriech. Kunst I Taf. 26)

Bronzegruppen aus Olympia, die ein Gespann mit Wagenlenker, manchmal auch mit schwerbewaffnetem Begleiter wiedergeben, nicht für Götter, sondern für Darstellung menschlicher Stifter, die ins Heiligtum geweiht wurde, halten. Aber ganz eindeutig ist das doch erst gegen Ende der geometrischen Epoche: die Darstellung eines Helmschmiedes, wie er den Helm über einem kleinen Amboß treibt, kann nicht etwa Hephaistos bedeuten! Wenig später ist dann durch die Inschrift und durch die Zurichtung einer Bronzestatuette, die etwa in die Jahre um 700 v. Chr. datiert werden kann, ihre Deutung auf Apollon gesichert.

Doch sind durchweg an Alter und vor allem auch an Zahl die menschengestaltigen Bronzestatuetten in geometrischer Zeit den Tierdarstellungen weit unterlegen. Am häufigsten sind Pferdchen und kleine Votivfiguren von Rindern. Aus den Tierdarstellungen kann man auch am ehesten einzelne stilistische Gruppen bilden und diese nach Landschaften aufteilen. Als Hauptwerkstätten ergeben sich dabei Argos, Korinth und Sparta: das Schwergewicht dieser Entwicklung liegt also auf der peloponnesischen Halbinsel. Thessalien und die Kykladen, obwohl auch beteiligt, sind damals weniger fruchtbar. Das ist durchaus eine Parallele zur landschaftlichen Verteilung auch der Töpfereien und ihrer jeweiligen Bedeutsamkeit für Gesamtgriechenland. Nur mit einem, allerdings wichtigen Unterschied: während Athen in der geometrischen Vasenkunst unbestritten führend ist, folgt es in der Technik und künst-

FIG. 4

Argos, Korinth und Sparta

lerischen Gestaltungskraft des Bronzegusses den übrigen Werkstätten erst in einigem zeitlichen Abstand nach.

Attika Seit Athen bestand, ist es politischer und kultureller Mittelpunkt Attikas. Wer Herrscher von Attika sein wollte, mußte zuerst einmal Herr von Athen sein. Von hier gingen auch die gedanklichen und künstlerischen Impulse aus; Impulse, deren Wirkung keineswegs immer an den Landesgrenzen Attikas ihr Ende fanden. Wir müssen uns aber der Tatsache bewußt sein, daß die einflußreichen Geschlechter ihrer Herkunft und ihrem Domizil nach nicht eigentlich städtische waren, sondern Landadel mit großem Grundbesitz. Daraus scheint schon theoretisch sich zu ergeben, daß bestimmte Adelssitze des attischen Landes Zentren geselligen und politischen Lebens, ja sogar Zentren künstlerischer Aktivität gewesen sein mögen. Diese Möglichkeit ist durch Funde in relativ abgelegener, aber fruchtbarer Ländlichkeit bestätigt worden. Die Qualität der Kunstwerke schon frühester Zeit, auf die man in solchen Gegenden gestoßen ist, erreicht die künstlerische Qualität der besten Funde aus der Stadt Athen, wenn sie sie in einigen Fällen nicht sogar noch übertrifft.

So verblüfft etwa der Inhalt von Gräbern, die in der Nähe von Eleusis gefunden sind, durch seine technische und künstlerische Vollendung. Es handelt sich um Gefäße der sogenannten protogeometrischen Frühstufe und um solche, etwas spätere, der sogenannten Schwarzdipylon-Gattung. Aber Eleusis nimmt natürlich ohnehin durch die Bedeutung des uralten Demeter-Kultes eine Sonderstellung unter den attischen Gemeinden ein. Solche Gründe religiöser Art gibt es aber nicht, um z.B. den Ort Anavyssos aus der Zahl ähnlicher Dörfer hervorzuheben. Hier hat man seit Jahrzehnten nicht nur einige der besten archaischen Statuen gefunden, die Nekropole ist nicht nur reich an keramischen Meisterwerken der Jahre nach 600 v. Chr., sondern kürzlich sind unvermutet dort auch

ABB. 1 – Geometrische Grabamphora aus der Nekropole vor dem Doppeltor von Athen. Um 770 v. Chr. *Höhe 1,55 m. Athen, Nationalmuseum. Vgl. S. 6, 9, 11*

ABB. 2 – Bronzestatuette eines Kriegers. 9. Jahrhundert v. Chr. *Höhe 14,5 cm. München, Antikensammlungen. Vgl. S. 10 ff., 23*

1

3

4

sehr reiche Grabfunde geometrischer Zeit und allererster Qualität gemacht worden. Nicht Kostbarkeit schlechthin, kein bloßer Luxus zeichnet hier die Gräber und ihre Beigaben aus, sondern in erster Linie feinster Geschmack in der künstlerischen Konzeption und also wohl Bildung, präzise Vorstellung und hohes Verständnis bei den Auftraggebern.

Im Stil allerdings der Kunstwerke der verschiedenen Fundplätze Attikas besteht kein Unterschied: es ist hier wie dort der gemeinhin attische. Unterschiede, und z.T. recht spürbarer Art, ergeben sich erst beim Vergleich von Fundgegenständen verschiedener Landschaften, die geographisch und auch nach Stamm und Sprache ihrer Bevölkerung charakteristische Verschiedenheit aufweisen. Solche *Kunstlandschaften*, deren Grenzen sich schon in geometrischer Zeit deutlich abzeichnen, sind neben der attischen die böotische, die thessalische, die korinthische, argivische und kykladische, die kretische und die ostgriechische. Hier soll, nachdem die künstlerische Eigenart Attikas in der präzisen Konturierung, im festen Bau, in der Klarheit der Zeichnung sich an mehreren Beispielen gezeigt hat, nur ein Zeugnis für die andersartige Besonderheit der geometrischen Kunst in Argos aufgeführt werden: ein gedrungenes, weitausladendes Gefäß mit sogenannten Bügelhenkeln. In Form und Dekoration fällt enger Anschluß an die attische Amphore auf: so läßt sich etwa die Form des argivischen Gefäßes als in der Vertikale zusammengedrückte, weitausgebauchte Amphora verstehen. In der Bemalung offenbart sich seine jüngere Entstehungszeit durch die ausgesparten Pferdeaugen und Menschengesichter – gegenüber der Vollsilhouette frühgeometrischer Zeit –, durch Einführung

Kunstlandschaften

ABB. 3

ABB. 3 – Spätgeometrischer Krater aus Argos. Zweite Hälfte des 8. Jahrhunderts v. Chr. *Durchmesser 50 cm. Argos, Archäologisches Museum. Vgl. S. 21*

ABB. 4 – Frühattischer Krater (Ausschnitt). Erstes Viertel des 7. Jahrhunderts v. Chr. *Gefäßhöhe 39 cm. München, Antikensammlungen. Vgl. S. 22, 36*

ABB. 5 – Kykladische Amphora. Erste Hälfte des 7. Jahrhunderts v. Chr. *Höhe 53 cm. Daitoku-ji-Amsterdam, Zoologisches Museum. Vgl. S. 37*

ferner von Zickzackbändern und Spiralmotiv. Typisch argivisch ist das Mittelmotiv zwischen den gerahmten Figurenbildern, der Treppenmäander; als Ausschnitt daraus sind typologisch die Winkelhaken zu erklären, die senkrecht neben den Pferdeführern stehen. Besonders charakteristisch für Argos ist jedoch die eigentümliche Unruhe der Zeichnung insgesamt. Das Verhältnis der einzelnen Teile des Dekors zu einander entbehrt der ehernen Festigkeit, die das attische Beispiel aufweist. Die Komposition im Ganzen und in den Einzelheiten ist weder so unverrückbar fest, noch so klar wie in Athen. Das liegt nicht etwa daran, daß das argivische Beispiel jünger ist. Es ist – wie wir gesehen haben – zwar jünger; aber der Grund für die Unterschiede, die uns jetzt beschäftigen, ist nicht chronologischer, sondern landschaftlicher Art. Auch ein wiederum erheblich jüngeres – man betrachte die Stilisierung der Pferdemähne!
ABB. 4 – attisches Vasenbild hat die gleiche Klarheit und Festigkeit der älteren Bild- und Ornamentkomposition, die das argivische Gefäß vermissen läßt. Dafür sind auf dem argivischen Krater alle Dekorationselemente dichter komponiert. Gewiß sind auch in Attika auf einer bestimmten Entwicklungsstufe des 8. Jahrhunderts die Gefäße mit figürlichen und ornamentalen Motiven reicher übersponnen als in der frühen Zeit der geometrischen Kunst. Aber die oben genannten Kriterien der Klarheit, Präzision, Festigkeit behalten sie trotzdem bei. Und etwas, was die attischen Vasen innerhalb der geometrischen Kunst immer von denen anderer Landschaften unterscheidet, ist die Stellung des Figurenbildes auf der Gefäßfläche in denjenigen Fällen, in denen überhaupt solche Bilder vorhanden sind. Sie stehen in Attika zentral, in der wichtigsten Dekorationszone und in der Mitte dieser Zone. Und sie zeigen deutlich die Tendenz, von dieser Mitte her die übrigen Dekorationselemente zu bestimmen. Figurenbilder sind bei den übrigen Keramikwerkstätten eher akzessorisch. So erscheinen z.B. bei dem argivischen Krater zwei Figurenbilder, aber sie rahmen ein rein ornamentales Motiv ein, das seinerseits das eigentliche Zentrum der Komposition ist. Die Bilder stellen Pferdeführer dar. Dies Motiv, ja überhaupt Pferdedarstellungen sind auf argivischen Vasen sehr häufig. Das *rossenährende Argos* – so heißt es bei Homer. Man wird gewiß auch

bei diesen Bildern, obwohl sie in dieser Hinsicht nicht sehr deutlich charakterisiert sind, eine bestimmte sepulkrale Bedeutung annehmen. Nicht die Bedeutung und die Zweckbestimmung sind es, die die künstlerischen Erzeugnisse der einzelnen Landschaften von einander unterscheiden, sondern der Stil. Es ist dabei aber nicht so, daß sich hier der argivische Stil vom attischen etwa nur in der Negation der attischen Qualitätsmerkmale erschöpfen würde. Der Reichtum der Dekorationselemente, die Variation, Weiterbildung der Dekorationsformen – bis zu ihrer Zerteilung, ja Auflösung hin – die betonte Gleichwertigkeit von Ornament und Figur, die Vitalität, die jedes einzelne Motiv gleichsam auszuströmen scheint, drükken auch dem argivischen Gefäß den Stempel hoher keramischer Qualität auf. In diesen Zügen manifestiert sich zugleich eine künstlerische Eigenständigkeit, die sich ebenso im griechischen Osten und Norden, vor allem aber auch in Sparta und Korinth findet. Zwar sind alle diese einzelnen Landschaften während der *geometrischen* Epoche sehr weitgehend von Attika her bestimmt. Aber als die geometrische Kunst in ihre Endphase eintritt, als gerade in Attika vom Figurenbild her und von der Darstellung des Menschen her, die sich eigentlich strenger geometrischer Stilisierung auf die Dauer nicht fügen kann, der geometrische Stil sich zersetzt – da treten die bis dahin unterdrückten Besonderheiten anderer Stämme und Städte strahlend mit ihrem bereits entwickelten *Programm,* auf ein bereits in Andeutungen vorhandenes Ziel hin, hervor.

PANZERUNG

Das Handwerk der Waffenschmiede wurde oben bereits erwähnt. Gerade Argos hat uns ein Zeugnis ihres Könnens aus der geometrischen Epoche erhalten, das dem argivischen Krater etwa gleichzeitig sein dürfte. Wir werden später noch sehen, wie im 6. Jahrhundert die Panzerung der Krieger auf den Vasenbildern den real erhaltenen Schutzwaffen durchaus entspricht, so, daß ein Rückschluß von den Darstellungen her auf die damals wirklich benutzten Waffen auch bei solchen Waffenteilen methodisch gerechtfertigt ist, die aus archäologischen Funden nicht oder nicht ausreichend bekannt sind. Das ist ganz anders in der geometrischen Zeit. Hier klafft zwischen der Statuette des thessalischen Kriegers einerseits und Helm und Brustpanzer aus dem argivischen Grab andererseits

B.A. 8

ABB. 2

eine große Lücke, die handgreiflich das Ausmaß der Stilisierung in den Kunstformen verdeutlicht. Die Bekleidung der Menschen und auch die Panzerung diente natürlich in der Hauptsache praktischen Zwecken. Darüber hinaus wird aber der Krieger im Schmuck des Helmes, im Glanz von Schild, Schwert und Speer, in der von außen auferlegten Formung durch den Panzer, selbst beinahe zu einem vom Waffenschmied stilisierten Kunstwerk. Diese Schöpfung, diese gleichsam lebende Statue, kann sich den Konventionen geometrischer Stilformen nur sehr unvollkommen angleichen. Der Krieger der archaischen Spätzeit, der römische Legionär, der Ritter der Renaissance – sie alle fügen sich dem Formgefühl ihrer jeweiligen Stilperiode viel leichter ein; während der im Gewicht und in der Pracht seiner Waffen auftretende Schwerbewaffnete der griechischen Frühzeit sich für unsere Augen sehr stark von den zeitgenössischen Darstellungen unterscheidet. Vielleicht nur für unsere Augen? Denn – es sei noch einmal wiederholt – wie die Griechen des 9. und 8. Jahrhunderts sich selbst, wie sie ihre Krieger gesehen haben, das wissen wir a priori nicht, sondern können es nur aus den künstlerisch gestalteten Monumenten zu erschließen versuchen.

ARCHITEKTUR

In der Architektur, so könnte man meinen, würden die mathematisch konstruktiven Verhältnisse der geometrischen Gefäß- und Bildformen wieder erscheinen. Das ist bis zu gewissem Grad auch der Fall. Es gilt aber auch für die Architektur wie für die Plastik, daß in den Jahrhunderten nach 1000 v. Chr. zunächst überkommene Traditionen auslaufen. Der Typus des ›Megaron‹-Hauses, wie wir es schon in den ältesten Schichten von Troja, später in der mykenischen Epoche von der Peloponnes her kennen, hat weitergelebt; denn wir treffen ihn in leicht veränderter Umgestaltung im 7., im 6., ja im 5. Jahrhundert v. Chr. noch an. Auch ist in einer bestimmten Entwicklungsphase des schlichten dorischen Antentempels eine Verwandtschaft zwischen ihm und dem Megaron-Typus nicht zu leugnen. Als aber, für uns zuerst im jonischen Osten nachzuweisen, der griechische Tempel mit einer Statuenbasis in seinem Inneren, also als Haus für den Gott in Erscheinung tritt, ist er eine Neuschöpfung und keiner Tradition verpflichtet.

Es ist möglich, daß früheste Vorgänger aus Holz uns restlos verlorengegangen sind. Aber wahrscheinlich hatten sie noch im Vergleich zu den ersten, in Resten erhaltenen oder zu erschließenden Bauten recht kleines, bescheidenstes Format. Die Entstehung der eigentlich griechischen Architektur, deren höchste Aufgabe eben der Tempel ist, wurde in dem Augenblick drängende Notwendigkeit, als die Götter nicht mehr allgegenwärtig waren. Als sie sich aus der ständigen Möglichkeit unmittelbarer Erscheinung in ein Abbild voll magischer Kraft zurückgezogen hatten, das bald dann nicht mehr selbst der Gott ist, sondern ihn bedeutet. Das Gottesbild erst braucht den Tempel.

Hera-Kult und Hera-Tempel

Eine mächtige weibliche Gottheit der orientalischen Religionen wurde bei den Griechen zur Himmelsbraut Hera. Es wird nicht Zufall sein, daß die ältesten uns bekannten griechischen Tempel ihr geweiht sind. Der eine liegt im Herzen Ioniens, auf der auch in der Bronzezeit schon reichen Insel Samos; der andere im Zentrum der hellenischen Nationalfeste, im dorischen Olympia. Ein dritter nimmt die Tradition der Architektur des 2. Jahrtausends auf der Oberburg von Tiryns auf. Sein urtümliches Kultbild aus Birnbaumholz, eine Sitzstatue der Hera ist in das berühmteste aller Heraia, an *den* Ort verbracht worden, der den Griechen als Heimat des Hera-Kults überhaupt galt, in das Heraion von Argos. Diese Tempel zeigen noch keineswegs die späteren kanonischen Formen. Sie unterscheiden sich jedoch von allen älteren Sakral- oder Profanbauten des mittelmeerischen Bereichs.

Der Alte Hera-Tempel auf Samos hat mehrere Bauzustände. Von ihnen soll hier zunächst nur der erste, der sich in das 8. Jahrhundert – in weiten Grenzen etwa um 750 v. Chr. – datieren läßt, beschrieben werden. Es handelt sich um einen auffällig langgestreckten Bau, dessen Grundriß sich als Rechteck von etwa 33 m Länge und etwas über 6 m Breite darstellt. Vorhanden sind Teile des Wandfundaments aus flachen Kalksteinen, einige Stützenfundamente, die das Innere in zwei Schiffe aufteilen – eine äußere Säulen- oder Pfeilerstellung hat der Bau in seinem ersten Zustand nicht besessen – und eine Kultbildbasis, die etwas exzentrisch am Ende des langen korridorartigen Raumes so liegt, daß nur ein Teil des Bildes der Göttin von der Reihe der Innenstützen für den Eintretenden verdeckt FIG. 5

wurde. Sicher erklären sich die Innenstützen aus der Absicht, mit ihrer Hilfe die Spannweite des Raumes zu überbrücken, der zwar schmal war, aber doch an die Konstruktion schon erhebliche Forderungen stellte. Dagegen ist ungewiß, ob die Reihe der 14 Hölzer, die man sich eher als vierkantige Balken, denn als Säulen vorstellen wird, ein ausreichendes Argument dafür ist, ein Firstdach anzunehmen. Flache Deckung und vielleicht eine Erdaufschüttung darauf ist auch möglich. Dachziegel jedenfalls waren damals nicht bekannt. Ein mögliches Firstdach müßte man sich also mit Reisiggeflecht und Schilfschichten gedeckt und relativ steil vorstellen. Wenn hierbei eine offene Frage bleibt, ist auch zu bekennen, daß über das Material und die Technik der aufgehenden Wand nur Hypothesen möglich sind. Daß bei dem ganzen Bau relativ viel Holz verwendet war, ist wahrscheinlich und auch in der rekonstruierenden Beschreibung zum Ausdruck gekommen. Wie auch das Bild der Göttin selbst das der Legende nach als Wunder aufgefundene Holzbrett war. Läßt sich nun doch aufgrund dieser mangelhaften Anhaltspunkte die besondere Bedeutung dieses Tempels für die Architekturgeschichte behaupten?

Das Eigentümlichste ist der gelängte Grundriß im Verhältnis von 1:5. Das heißt, daß der Eintretende sich in relativ großer Entfer-

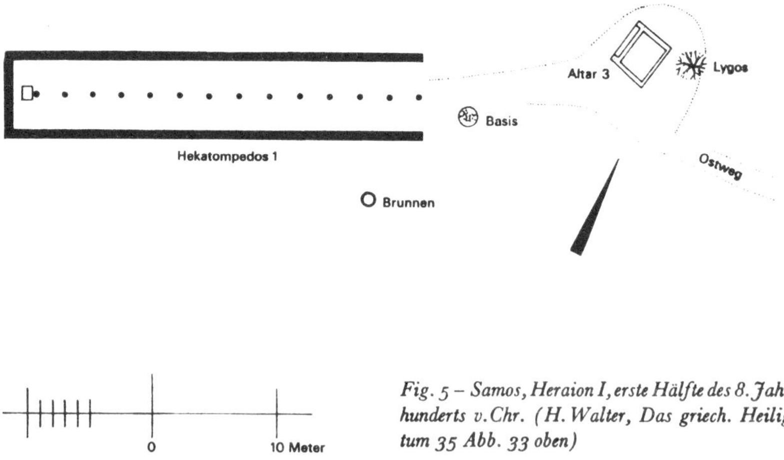

Fig. 5 – Samos, Heraion I, erste Hälfte des 8. Jahrhunderts v. Chr. (H. Walter, Das griech. Heiligtum 35 Abb. 33 oben)

nung vom Kultbild sah, das im Dämmerlicht am anderen Ende eines langen Ganges erschien und ihm z.T. noch durch die Stützenreihe verdeckt wurde. Vielleicht hatte aber auch der in die beiden engen Schiffe gegliederte etwa quadratische Stollen, als der sich der innere Raum dargestellt haben mag, eine magisch und emotional wirkende, gleichsam einsaugende Kraft, die der Gläubige nach dem Überschreiten der Schwelle erfuhr.

Umgekehrt ist es, wenn man sich an die Seite des aus kleinen, kaum behauenen Steinen gemauerten Unterbaus des Kultbildsockels versetzt denkt – der obere Basisblock, der seinerseits das Brett selbst aufnahm, ist nicht erhalten. Hier stand die alljährlich neu mit Gewändern bekleidete, mit den Zweigen des ihr geheiligten Baumes ›umstrickte‹, mit Ketten behängte, vielleicht auch mit Weinlaub bekränzte hölzerne Hera, in der Tiefe des langen, dunklen, ostwärts gewendeten Raumes. Genau im hellen Bildfeld des ungefähr 30 m entfernten Eingangs befand sich das lebendige Symbol der Göttin, der Lygos, der heilige Baum der Hera. Dieser wuchs unmittelbar hinter dem nordwestwärts ausgerichteten, daher (für das vorgestellte Blickfeld) zwar sichtbaren, aber nur über Eck erscheinenden Altar, an dessen Opferriten die Göttin somit ›sichtlich‹ teilnehmen konnte.

Versucht man, die Fakten und die durch sie hervorgerufenen Folgerungen sich so zu vergegenwärtigen, zeigt sich, daß der Alte Hera-Tempel von Samos nicht nur ein baugeschichtliches, sondern auch ein religionsgeschichtliches Phänomen ist. Der griechische Tempel entsteht, als ein Teil der göttlichen Macht in einem, zuerst gar nicht von Menschenhand geformten Bilde verdichtet wird. Denn das Bild bedarf des Tempels. Und dieser ist allereinfachste und für den Zweck gemäße, aber wiederum höchst verdichtete, ausdrucksstarke Form. Der plastische griechische Baukörper ist geschaffen. Er wirkt hier, bei seinem ersten Auftreten, fast wie eine übergroße Vorform einer Marmorquader perikleischer Zeit, des kleinsten Elements, aus dem die späteren, ›klassischen‹ Bauten gefügt werden.

Teile dieses ältesten griechischen Tempels sind wie durch ein Wunder erhalten. Und zwar nicht nur von seinen Fundamenten, sondern auch ein Stein des aufgehenden Mauerwerks und vor allem auch der gemauerte Sockel für die Basis des Tempelbildes. Zwar ist alles dies überdeckt von Steinen des Anfang des 7. Jahrhunderts entstandenen Nachfolgerbaus; aber da dieser sich genau an die Maße und Proportionen des älteren Tempels hielt, gibt er uns wichtigste Anhaltspunkte für die Rekonstruktion. Allerdings hat der jüngere Bau, nun wohl sicher mit Firstdach gedeckt, in seinem letzten Zustand auf die innere Stützenstellung verzichtet; eine äußere Stützenstellung, die Peristasis, läßt sich bereits für die letzte Phase des älteren Baus nachweisen.

ABB. 7 Das, was sich heute dem Betrachter darbietet, macht auf den ersten Blick einen allerbescheidensten Eindruck. Es ist die Südwestecke, d.h. die südliche der hinteren Ecken des Tempelhauses, der Cella. Man muß in der Phantasie oder auf dem Papier die Rekonstruktion versuchen, um zu begreifen, wie sehr die schmalen, fein scharrierten Quadern in ihrer Einzelform dem Geist und den Proportionen des wohlabgemessenen Ganzen entsprechen, wie in der sorgfältig verlegten obersten Fundamentschicht, wie in der aufgehenden Wand, von der an einer Stelle noch vier Schichten erhalten sind, sich eine handwerklich reife Architektur äußert, die in der Feinheit ihrer Einklänge erstaunlich ist. Auch Wandmalerei hat hier ursprünglich nicht gefehlt: eine Quader mit geritzter Vorzeichnung für einen gemalten Fries ist erhalten. Dargestellt war ein Festzug von Speerträgern, offenbar die Kultprozession von der Stadt Samos zum 7 km entfernten Heiligtum, die in Waffen ausgeführt wurde. Es könnte sich allerdings auch, da nur der oberste Streifen des Frieses mit den Köpfen und den Speerspitzen der Figuren, in einem ziemlich weiten Abstand von einander, erhalten ist, um einen Reiterfries

ABB. 6 – Odysseus blendet Polyphem. Halsbild einer Amphora aus Eleusis. Zweites Viertel des 7. Jahrhunderts v. Chr. *Gefäßhöhe 1,42 m. Eleusis, Archäologisches Museum. Vgl. S. 38*

ABB. 7 – Cellamauern der Südwestecke des zweiten Heratempels. Erste Hälfte des 7. Jahrhunderts v. Chr. *Samos, Heraion. Vgl. S. 28*

ABB. 8 – Tonmetope vom Apollontempel in Thermos. Um 620 v. Chr., erg. *Höhe etwa 95 cm. Athen, Nationalmuseum. Vgl. S. 75*

6

7

8

9

handeln. Falls dieser Fries an der Stelle der Wand angebracht war, an der beim Tempel jonischer Bauordnung der Fries zu sitzen pflegt, wäre die Quader der Beweis dafür, daß bei diesem zweiten Hera-Tempel die Cellawand schon in ganzer Höhe aus Stein aufgeführt wurde. Er gehört auch keineswegs mehr in den Zeitabschnitt der geometrischen Epoche hinein, ist vielmehr eines der Zeugnisse für eine Umgestaltung, eine Neubegründung von Lebens- und Stilformen, durch die nach dem Ende der geometrischen Kunst langsam aber stetig ein neues Zeitalter heraufgeführt wird.

ABB. 9 – Bronzeblech aus Kreta. Zweites Viertel des 7. Jahrhunderts v. Chr. *Höhe 18 cm. Paris. Louvre. Vgl. S. 39*

ABB. 10 – Protokorinthisches Salbgefäß aus Theben. Mitte des 7. Jahrhunderts v. Chr. *Höhe 6,8 cm. Paris, Louvre. Vgl. S. 40, 45*

ABB. 11 – Fragment eines architektonischen Reliefs aus Mykene, Kalkstein. Drittes Viertel des 7. Jahrhunderts v. Chr. *Höhe 40 cm. Athen, Nationalmuseum. Vgl. S. 45*

II. REVOLUTION UND BEWÄHRUNG: DIE ORIENTALISIERENDE EPOCHE
(etwa 700 – 620 v. Chr.)

Auflösung der geometrischen Kunstformen

Ein geometrisches Geordnet-Sein ist der griechischen Kunst als innerster Kern bis in ihre letzten Gestaltungen immer erhalten geblieben. Die äußeren geometrischen Kunstformen lösen sich jedoch seit dem ausgehenden 8. Jahrhundert auf. Das bedeutete, je fester, unverbrüchlicher diese Formen gewesen waren, eine um so heftigere Erschütterung. Natürlich war der Zerfall der geometrischen Kunst nicht der Anlaß oder die Ursache der Erschütterung, sondern umgekehrt: ihre Folge, ihr Symptom. Die Erschütterung selbst wird sich zuerst im politischen Gefüge gezeigt haben, wenn nicht sogar von dort ausgegangen sein.

Politische Voraussetzungen

In den meisten griechischen Staaten wechselt die Macht vom Erbkönigtum in die Hände der Paladine über. Wenn auch in lokal verschiedener Gestalt tritt ein System der Adelsherrschaft jetzt überall in Griechenland, mit Ausnahme Spartas, an die Stelle der Könige. Diese Veränderung konnte kein bruchloser Übergang sein. Fast überall stand sie im Zeichen von Machtkämpfen – manchmal einer Revolution –, von Machtkämpfen, die sich hier und da lange Jahrzehnte zwischen den Adelsgeschlechtern hinzogen, auch in größeren oder kleineren Abständen wieder aufflammten. Häufig endeten sie, nach langem Hin und Her der Parteien, in der Staatsform der ›Tyrannis‹.

Zugleich ist aber für diesen Zeitraum der politischen Wandlungen eine aktive, wie auch eine passive Expansion kennzeichnend. Demgegenüber ist die Epoche der geometrischen Stilformen ein in sich geschlossener Kosmos. Bei der Umwandlung jedoch dieser in sich beruhenden, in einander greifenden, fest gefügten Formen in die neuen nicht mehr geometrisch, sondern schon organisch bestimmten, also in die im engeren Sinn *archaischen* Stilformen ist eine verstärkte Einwirkung des Vorderen Orients nachzuweisen.

Fremde Einflüsse

In die Welt der Griechen, deren politisches Gefüge damals an vielen Orten von Grund auf verändert wurde, die vom kargen Boden der Heimat aus kühne Kolonisten nach Ost wie nach West schickten, die in kosmischen und philosophischen Konzeptionen orientalische Gedanken verarbeiteten, kamen Händler und Künstler aus dem Orient. Vor allem reisten aber die Griechen selber, getrieben von dem Wunsch ihren materiellen und geistigen Horizont zu erweitern, nach Osten. Die Künstler lernten andere Techniken und anderes Material, vor allem das Elfenbein, kennen, auch natürlich eine völlig andere Bildwelt als die ihnen geläufige. Vieles davon wurde übernommen. Aber nichts wurde übernommen, ohne daß es sich eine gründliche Umgestaltung hätte gefallen lassen müssen. Aus dieser Begegnung wurde der archaische Stil der Griechen geboren. Die Schöpfung dieses Stils war eindeutig trotz aller Anregungen, trotz aller fremden Vorbilder eine eigene griechische Leistung.

Kreta

Weit verbreitet war und ist die Ansicht, daß bei der Neuschöpfung des Kunststils die südgriechische Insel Kreta führend war. In den letzten Jahrzehnten wurde versucht – und zum Teil wohl erfolgreich – den Inseln, die in dem östlichen Becken des Mittelmeers, in der Ägäischen See liegen, eine führende Rolle bei diesem Vorgang zuzuweisen. Es handelt sich um die Kykladen, die zahlreichen, teilweise felsigen Inseln, deren religiöser Mittelpunkt Delos war. Auf Delos, so sagt die hymnische Dichtung, hat die Göttin Leto ihre Zwillingskinder Apollon und Artemis zur Welt gebracht. Die heilige Insel Apollons ist Delos seitdem geblieben. Und jedenfalls waren die Kykladen eine derjenigen griechischen Landschaften, die in den staatlichen und künstlerischen Neubildungen dieser Zeit ein eigenes Antlitz auch im Rahmen der griechischen Kunst geprägt haben. Andere dieser Landschaften waren die Peloponnes – und dort vor allem Korinth; die ostgriechischen Gebiete Kleinasiens und die der kleinasiatischen Küste unmittelbar vorgelagerten Inseln; schließlich, auch wenn es aus der Monopolstellung jetzt verdrängt war, Attika mit Athen. Diese vier Landschaften sind in dieser Zeit, die man auch wegen der erwähnten Berührung mit der Welt des Ostens die orientalisierende Epoche genannt hat, Zentren der Entwicklung. Anstelle des *einen* Zentrums der Frühzeit, Athen, sind nun deren vier getreten. In ihnen wird das orientalische Formgut in jeweils recht verschiedener Weise umgeformt. Aber in ihrem Kern sind alle vier landschaftlich verschiedenen, in ihren Erzeugnissen charakteristisch eigentümlichen Kunststile echt griechisch. Der

Kykladen

Korinth, Ostgriechenland und Athen

stärkste Beweis dafür ist die Tatsache, daß sie in verschiedenartiger Ausprägung und in einem gleichsam anderen Aggregatzustand doch nur wieder *den* geistigen Gehalt zur Anschauung bringen, den wir von der geometrischen Kunst her schon kennen. Die weitaus

KERAMIK meisten Zeugnisse für diese Entwicklung, die wir in allen vier orientalisierenden Kunstzentren Griechenlands beinahe bruchlos ablesen können, bietet die Vasenmalerei.

B.A. I Betrachten wir zum Beispiel den äsenden Hirsch auf einem Vasenbild der ersten Hälfte des 7. Jahrhunderts v. Chr.! Kaum läßt das langgestreckte Tier mit den gespannten Umrißlinien noch einen Gedanken an den geometrischen ›Silhouettenstil‹ aufkommen. Das alte, früher nur rein ornamental verwendete Bildschema ist in die Sphäre organischen Lebens geführt. Dennoch ist die Ahnenreihe dieses so animalisch gestalteten, wenn auch zuchtvoll stilisierten Tieres vollkommen deutlich. Sie reicht von den schreitenden Stein-

ABB. I böcken im Tierfries der großen attischen Grabamphora über Hirschdarstellungen auf dem Rand geometrischer Schalen zu den

ABB. 4 langgestreckten Pferdeleibern spätgeometrischer Figurenbilder, die bereits an der Grenze zur sogenannten protoattischen Malerei stehen. Gleichartig ist sowohl bei den geometrischen, wie auch bei den späteren Darstellungen das Verhältnis zwischen Naturvorbild und stilisierter Wiedergabe. Nicht ein augenblickhaft gesehenes und aufgefaßtes Bild wird als unmittelbarer Eindruck so wiedergegeben wie die Maler, besonders die Freskenmaler, der minoischen Paläste auf Kreta im 2. Jahrtausend v. Chr. das angestrebt und erreicht hatten. Sondern der griechische Künstler formt sich aus unzähligen, sehr genauen Einzelbeobachtungen gleichsam eine innere Idee des abzubildenden Tieres, und diese Idee, die sich nur aus wesentlichen und charakteristischen Einzelzügen zusammensetzt, wird im Bilde wiedergegeben. Dieser Vorgang ist in der geometrischen Kunst ein eindeutig abstrahierender. Aber auch der griechischen Kunst des 7. Jahrhunderts v. Chr. ist noch viel von Abstrahierung verblieben. Denn auch hier wird nicht ein unmittelbarer optischer Eindruck wiedergegeben, sondern der in einem geistigen Vorgang aus zahlreichen Einzelfällen zusammengesetzte Typus. Das Leben, das diese Bilder haben, ist daher nicht naturhaftes, unmittelbar geschildertes

Leben, sondern eher die Lebendigkeit eines geistigen Schöpfungsaktes, dessen das Bild des *Typus* zu seiner Entstehung bedarf. An einem Entwicklungsprozeß in der Zeit und also an einer allmählichen Veränderung des Typus wirkt, neben neuen und veränderten Beobachtungen des Naturvorbilds, natürlich auch jede einmal geschaffene und zur Kenntnis gelangte künstlerische Darstellung eben desselben Typus mit. Ähnlich, und jedenfalls nicht prinzipiell verschieden liegen die Dinge, wenn der Ausgangspunkt kein Naturvorbild ist, sondern bereits geformtes Kunstwerk, zum Beispiel orientalische Vorbilder.

Die Amphora mit der Hirschdarstellung ist auf einer der Inseln entstanden, die zur Inselgruppe der Kykladen gehören. Eine noch genauere Lokalisierung war bisher nicht möglich. Dagegen ist sicher, daß noch andere Vasen der gleichen Stilgruppe, wahrscheinlich der gleichen Werkstatt zugehören. Bei zwei dieser Vasen erscheint im ABB. 5
Bildfeld ein gekauerter, beziehungsweise ein hockender Löwe. Bei allen diesen Vasen ist die Umrißlinie gegenüber derjenigen von geometrischen Gefäßen einfacher; zugleich wirkt sie nicht mehr wie gestanzt, wie mit einer Metallschablone festgelegt, sondern zeigt das Gegenspiel verschiedener Spannungskomponenten. An Klarheit der Konturen stehen sie jedoch den geometrischen Gefäßen in nichts nach. Aber die Art, in der sich bei ihnen auch die figürliche Darstellung von ihren geometrischen Vorgängern abhebt, kann man fast mit den gleichen Worten, wie sie auf die Umrißführung bezogen wurden, charakterisieren. Ein Vergleich zeigt, wie gerade auf den Kykladen die formale Unsicherheit, ja die Stilverwirrung, die dem Ende der geometrischen Epoche folgte, früh überwunden und überführt wurde in neue, hohe Formung: Der zeitliche Abstand zwischen den Gespannen des Münchner Kraters und dem Hirsch ABB. 4
in Stockholm ist gewiß nicht sehr groß. Aber während man die attischen Pferde nur als Zeugnis für einen Spätstil, für die Endphase der geometrischen Malerei in Anspruch nehmen kann, zeugt der Hirsch von neuem Vermögen. Einmal: animalisches Leben und organische Beweglichkeit wahrzunehmen, und zweitens: Diese Wahrnehmung durch den oben angedeuteten geistigen Schöpfungsprozeß mit den einfachen, einheitlichen, vitalen, aber auch in ihrer

Weise abstrahierenden Formen des archaischen Stils wiederzugeben. Sehr viel jüngere archaische Tierdarstellungen stehen nicht nur was den Gehalt, sondern gerade auch was die Form betrifft, noch in der gleichen Entwicklung, von der der kykladische Hirsch eine der frühesten Erscheinungen ist: etwa das Pferd der lakoni-
B.A. 15 schen Schale in London oder die Pferde des Bronze-Kraters in
ABB. 46 Châtillon-sur-Seine oder die allerdings viel stärker bewegten des
ABB. 52 Ton-Kraters in Würzburg.

Die Zeit, in der man auf den Kykladen bereits in so großgesinnten, zugleich aber einfachen Formen gestalten konnte – etwa 680–670
B.A. 11 v. Chr. – ist in Athen in weitem Umfang durch künstlerische Experimente, nicht eigentlich durch vollgültige Leistungen bestimmt.
ABB. 6 Doch befinden sich dabei kühnste Versuche wie zum Beispiel das dramatische Bild der Blendung Polyphems. Die Geschichte ist im Anschluß an die Schilderung Homers (Odyssee IX 370–400) erzählt. Odysseus bohrt, unterstützt von zwei Gefährten, die glühende Spitze des gewaltigen Pfahls in das Auge des trunkenen Riesen. Die Gestalt des listenreichen Helden ist hervorgehoben durch weiße Aufmalung. Der ungeschlachte Unhold Polyphem, zurückgelehnt sitzend, ist durch strähnigen Auftrag der dunklen Farbe charakterisiert. Das ganze Geschehen ist sehr eindrücklich dargestellt; besonders aber die organische Beweglichkeit der Gliedmaßen der griechischen Irrfahrer mit ihren schwellenden, labilen Konturen. Die Art der Schilderung darf man expressionistisch nennen. Und sicher hat der Ehrgeiz des Malers sich ein viel weiteres Ziel gesteckt als der Maler des etwas älteren Hirsch- oder Löwenbildes. Doch sind solche expressiv überschwenglichen Bilder der attischen Maler dieser Zeit an dem Problem der Proportionen und der künstlerischen Ökonomie, ja manchmal schon am Problem des Einklangs von Gefäßform und Gefäßverzierung gescheitert.

Jedenfalls ist Attika im 7. Jahrhundert v. Chr. weniger unmittelbar von fremder Einwirkung betroffen als andere griechische Landschaften. So hat etwa auch *Kreta* viel stärkeren orientalischen Import aufzuweisen. Dort ist auch die einheimische Produktion durchaus vielfältiger. Neben dem Nachleben altminoischer Formen des 2. Jahrtausends, den sogenannten *eteokretischen,* gibt es Nach-

ahmungen orientalischer Vorbilder, sowie landschaftliche Sonderformen echt griechischer, *dorischer* Kunst und vor allem einen sehr eigentümlichen früharchaischen, spezifisch kretischen Stil, dessen schönste Vertreter feine Bronzegravierungen und eine nur auf Kreta belegte Gruppe ausgeschnittener Bronze-Bleche sind, durch die ABB. 9
offenbar keine mythischen Szenen, sondern Bilder des Lebens, wenn man so will, Bilder des Alltags wiedergegeben werden. Hier gewinnt man Einblick in eine reife Entwicklung. Die Vollkommenheit von Proportionierung und Konturierung der einzelnen Figur, die vollendete Komposition der Zweifigurengruppen haben in der griechischen Kunst nicht ihresgleichen. Diese Künstler, die durchweg in nicht sehr großem Format gearbeitet haben, waren sich ihrer Mittel, aber auch ihrer Grenzen völlig bewußt. Die Schlankheit der Gestalten, ihr federnder Schritt, die Zu-einander-Neigung der Figuren, die elegante Art, in der sie miteinander agieren, machen diese Bronze-Bleche zu Kabinettstücken innerhalb eines Handwerks ältester Tradition und aufs feinste ausgebildeten Geschmacks. Eine im eigentlichen Sinne monumentale Form haben die Kreter allerdings nicht geschaffen, möglicherweise auch gar nicht angestrebt. Diese Aussage gilt bis zu gewissem Grade auch für die dorischen Gebiete der Peloponnes. Obwohl Korinth das fruchtbarste künstlerische Zentrum Griechenlands im 7. Jahrhundert ist, obwohl in der keramischen Produktion die griechischen Töpfer und Vasenmaler seit dem Ende der geometrischen Epoche das attische Monopol brechen und durch das ganze Jahrhundert hin in der Vasenkunst und bezeichnenderweise auch im Vasenexport eine Vormachtstellung beibehalten, sind gerade die Meisterwerke höchster Qualität eher in kleinem Format gehalten. Es ist unmöglich, bei den Tausenden von erhaltenen Belegen, diese Tatsache für einen Zufall zu halten. Vielmehr ist diese Beschränkung in der äußeren Größe von den Künstlern bewußt und absichtlich geübt worden.

Es fällt leicht, eine Vielzahl solcher charakteristischer Meisterwerke aufzuzählen. Kunstgeschichtlich besonders wichtig sind diejenigen, auf denen man am gleichen Stück die Entwicklungsstufe der Flachkunst, der Vasenmalerei, mit der Entwicklungsphase der dreidimensionalen Schöpfungen, der Kleinplastik vergleichen kann. Auch für

Fig. 6 – Kriegerstatuette von der Akropolis, Bronze. Frühes 7. Jahrhundert v. Chr. Athen, Nationalmuseum. (Ath. Mitt. 1930 Beilage XLIV links)

die Ton- und Bronzestatuetten bedeutete das Ende der geometrischen Epoche zunächst nur den Verlust einer klaren Formensyntax. Es bedurfte mehrerer Vorstöße und Versuche, es bedurfte auch einer gewissen Zeitspanne, bis der neue, archaische Stil in dieser Gattung geschaffen war. Heute läßt sich sagen, daß vom Augenblick an, in dem Griechenland Plastik in lebensgroßem Format kannte, das Gesetz der Entwicklung von der Großplastik bestimmt wurde. Es gibt Statuetten, die in ihrem Stilcharakter deutlich verraten, daß es zu ihrer Entstehungszeit monumentale Skulpturen noch nicht gab; und ebenso kennen wir Schöpfungen der Kleinplastik, die schon ihrer Haltung nach gleichzeitige oder ältere großplastische Vorbilder voraussetzen. Zu diesen gehört der Ausguß eines fast miniaturhaften Ölkännchens in Gestalt eines Frauen-
FIG. 6 kopfes; zu jenen eine attische Bronzestatuette, die gleichsam im Intervall zwischen geometrischer und orientalisierender Kunst in den Jahren um 700 v. Chr. entstanden ist.

Die Bronzestatuette – auch sie stellt einen Krieger dar – ist von viel stärkerer Dynamik erfüllt als die oben besprochene geometrische Kriegerbronze. Diese Dynamik greift in den Raum aus. Dafür zeugt der *Spreizstil,* in dem die Figur komponiert ist: die Grätschstellung der Beine, die nach verschiedenen Seiten gewinkelt ausgestreckten Arme, von denen ursprünglich der rechte den Speer, der linke den Schild hielt. Mehr noch: schon in ihrem Auftreten hat die Statuette etwas Aggressives und der Ausgangspunkt für diese dynamische Komposition ist der fordernde, vorbrechende Blick der plastisch dargestellten, auseinandergerückten Augen. Das Ungestüme, ja Unbeherrschte der Formung weist voraus auf attische Vasenbilder wie das beschriebene Odysseusbild.

In völligem Gegensatz zu solcher Gestaltung steht der Kopf, der
ABB. 10 das kleine Ölgefäß krönt. Mit Recht ist gesagt worden, daß dieses Bildwerk, nur wenige Zentimeter hoch, den Begriff einer *inneren Monumentalität* verwirklicht habe. Die Proportionen haben Festigkeit gewonnen; die plastische Oberfläche ist unüberschreitbare

Grenze zwischen innerer Bewegung und dem außen umgebenden, neutralen Raum. Woher haben solche Schöpfungen ihre Formenwelt und ihren überdauernden Gehalt bekommen? Mit dem Auftreten der Großplastik hat sich die griechische Kunst gewandelt. Dieses Geschehen wird von den einzelnen griechischen Landschaften früher oder später, von den einzelnen Künstlern bewußt oder unbewußt aufgenommen. In dem Augenblick aber, in dem die neue Dimension sichtbar wird, hat jedes plastische Gebilde, ob groß oder klein, daran Anteil.

Von keiner anderen griechischen Stadt sind so viele Gefäße des 7. Jahrhunderts erhalten wie von Korinth; von keiner anderen Stadt sind auch so viele Gefäße exportiert worden, vornehmlich auch in die griechischen Kolonien Unteritaliens und Siziliens. Und da nach den Gründungsdaten dieser Kolonistenstädte sich ein chronologisches Gerüst errechnen läßt, ist für die einzelnen Entwicklungsphasen gerade der korinthischen Vasenmalerei eine absolute Datierung in verhältnismäßig engen Grenzen möglich. Das Ölkännchen in Paris ist nach den darauf gemalten Darstellungen in die Jahre um 650 v. Chr. zu setzen. Trotz der geringfügigen Höhe des Gefäßchens trägt es zwei Figurenfriese. Auf dem unteren jagt eine Meute munterer Hunde einen Hasen; auf dem oberen Fries befindet sich eine Darstellung aus der Heldensage, Kampf um einen Gefallenen und andere heroische Zweikämpfe. So wie bei diesem Beispiel erscheinen auch zahlreiche andere Themen aus dem Kreis der Götter- und Heldensagen zum ersten Male auf korinthischen Gefäßen. Die Imagination und die bildnerische Fähigkeit der Korinther wird schon hierdurch bewiesen. Es sei in diesem Zusammenhang auch besonders hervorgehoben, daß zuerst auf korinthischen Vasen der Typus der speerbewehrten Athena auftritt, das Bild der attischen Athena Promachos – lange bevor es in Athen bekannt ist. Diese bewaffnete Athena, die auch die Stadtherrin von Sparta war, ist offenbar die unmittelbare Nachfolgerin einer ›*Schildgöttin*‹ des 2. Jahrtausends, deren Bild uns auf einem Siegelring und auf einem Stuckbild aus Mykene erhalten ist.

Technische Neuerungen

Für das frühe Griechentum sind Neuerungen, technische und künstlerische ›*Erfindungen*‹, durch die jeweils eine neue Tradition begrün-

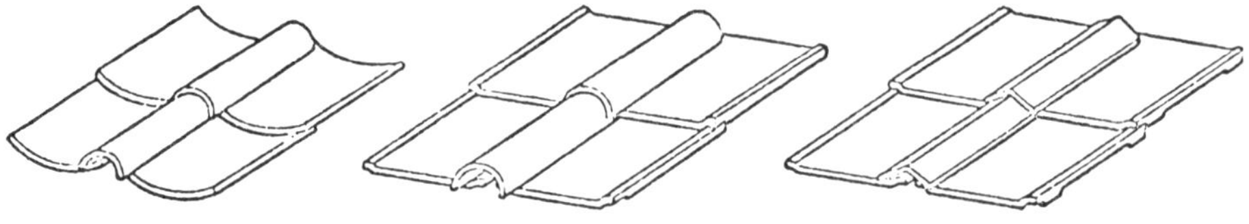

Fig. 7 – Typen griechischer Dachziegel: lakonisch, sizilisch und korinthisch (W. B. Dinsmoor, The Architecture of Ancient Greece 44, Fig. 16)

det wird, sicheres Kennzeichen geistiger Konzentration, künstlerischer Aktivität. Da ist es denn auf dem Gebiet der Vasenmalerei besonders wichtig, daß die *schwarzfigurige* Technik nach dem Zeugnis der archäologischen Funde zuerst in Korinth angewendet wurde. Dieser Terminus besagt, daß die meisten Figuren und Gegenstände auf den Bildern als einheitlich schwarz gedeckte Fläche gegeben sind, in die man die Innenzeichnung nach dem Töpferbrand durch Ritzung (wohl mit einem harten Metallstift) so einträgt, daß durch die Ritzlinie der Tongrund wieder freigelegt wird. Unabsehbare Möglichkeiten der Anwendung und Variation dieser Technik wurden bald erkannt und die Technik selbst eroberte in kurzer Frist andere Werkstätten, gegen 630 auch die Töpfereien Athens. Dies ist aber nur eine der ›Erfindungen‹, die den Korinthern nachgerühmt werden können. Die spätere Überlieferung berichtet davon, daß die Bildnerei in Ton in Korinth intensiv geübt worden sei und daß man dort auch die ersten Anfänge der Reliefplastik suchen dürfe. Die Verzierung von Stirnziegeln mit Gesichtern in Reliefdarstellung gilt als korinthische Erfindung; und ein System flacher Ziegel mit kantigen Deckziegeln, von denen jeder einen Firstgrat
FIG. 7 hat, heißt weiterhin *korinthisches* Dach. Eine weitere Entdeckung ist für die griechische Kunst, und zwar auch zunächst für die Architektur, von höchster Wichtigkeit: das flache Giebeldach überhaupt, das über der Front und Rückseite des Gebäudes das senkrechte

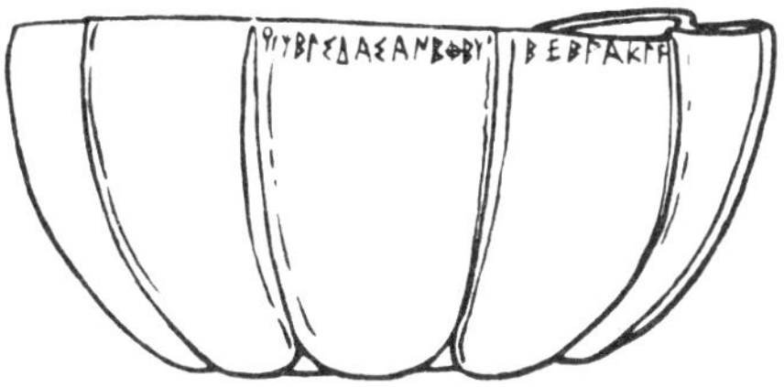

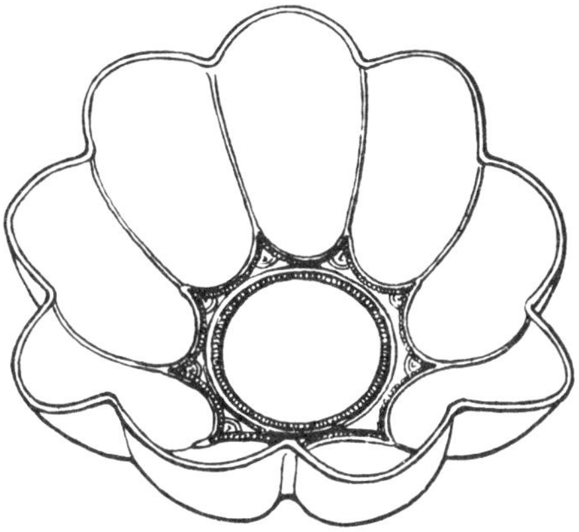

Fig. 8/9 – Omphalosschale, Weihgeschenk der Kypseliden, Gold. Um 630 v.Chr. Dm 16,8 cm. Boston, Museum of Fine Arts (Bull. Boston XX, No. 122, 65–68)

Giebelfeld, das Tympanon, begrenzt. Schon im 5. Jahrhundert v. Chr. führt Pindar die Anwendung dieses Giebelfelds am Tempel auf die Korinther zurück (XIII. Olympische Ode, 20 ff.). Es ist sehr wahrscheinlich, daß das korinthische Dach und das Giebelfeld einander bei ihrer Entstehung wechselseitig bedingt haben. Nur so konnte der Tempel dorischer Ordnung seine kanonische Gestalt erhalten. Und für die Entwicklung der Reliefkunst sind ebenso wahrscheinlich die Darstellungen auf den Metopen, vor allem aber auf den Giebelfeldern selbst, immer neuer Anreiz gewesen.

Vom Griechen her gesehen sind alle diese Erfindungen deutlichstes Symptom geistiger, kultureller Energie. Man wird Korinth und seiner Stellung in der archaischen Welt aber erst dann gerecht, wenn man sich vergegenwärtigt, daß der aktivste Handel mit dem Orient hier seinen Ausgangspunkt hatte; daß ferner von hier aus die mächtigste Kolonie im Westen, Syrakus, gegründet wurde (734 v. Chr.). Diese Tatsachen zeugen auch von der finanziellen und wirtschaftlichen Macht der Stadt und Landschaft Korinth und bedingen sie z. T. wiederum geradezu. Korinth war auch im 6. und 5. Jahrhundert v. Chr., ja bis zu seiner Eroberung durch eine römische Armee (im Jahre 146 v. Chr.) eine der mächtigsten und reichsten Städte Griechenlands. Dennoch reicht diese spätere Bedeutung sicher nicht entfernt an diejenige heran, die Korinth im 8. und 7. vorchristlichen Jahrhundert gehabt haben muß. Um diese Er-

scheinung zu erklären, wäre wiederum die Frage nach der Möglichkeit und Stärke orientalischen Einflusses zu stellen. Vom Handel haben wir bereits gesprochen. Eine andere Beziehung zum Nahen Osten wird aber in dem Augenblick erhellt, in dem man sich erinnert, daß in Korinth früh und für eine längere Zeitdauer diejenige griechische Staatsform auftritt, deren Ursprung in orienta-
Die Tyrannis lischen Fürstentümern und Satrapien liegt: die *Tyrannis*.
Der Tyrann ist etwas ganz anderes als die ›Könige‹, die im Epos und besonders im Gedicht Hesiods patriarchalisch über eine bäuerische Bevölkerung herrschen. Er ist zwar auch dem Adel entwachsen, aber eher dem niederen, ursprünglich nicht einflußreich am Regiment beteiligten Adel. Und die Funktion, die er im politischen Leben ausübt, ist die einer Alleinherrschaft, die sich gegen die Aristokratie durchsetzt und diese entrechtet. Der Weg, auf dem das geschehen kann, ist fast stets der Staatsstreich, bei dem der Revolutionär sich auf die ärmere städtische Bevölkerung, auf die ›Soldaten‹, wenn möglich auf eine gut bewaffnete Leibwache stützt. Dieser Werdegang, wie wir ihn aus dem 6. Jahrhundert genau kennen, ist auch für das 7. Jahrhundert wahrscheinlich. Solche Tyrannen treten zuerst in den Staaten am Isthmos, in Megara, Korinth und Sikyon auf, als einflußreichster, ja als Begründer einer Dynastie: *Kypselos von Korinth*. Sein Name ist auch in die griechische Kunstgeschichte mit unverwischbaren Lettern eingetragen und zwar als Stifter von Kunstwerken und Gönner der großen festländischen Heiligtümer. Er und seine Söhne haben nach Olympia und Delphi wertvolle Weihgeschenke geschickt, die dort nach Jahrhunderten noch Bewunderung fanden. Das Hauptstück war eine Zeus-Statue oder -Statuette, die – wenn auch unterlebensgroß – aus purem Golde bestand. Auch von einem kunstvollen Kasten aus Zedernholz mit einer Unzahl von mythologischen Darstellungen erfahren wir nur aus literarischen Beschreibungen. Dagegen hat ein günstiges Ge-
FIG. 8 U. 9 schick uns eins dieser Weihgeschenke, wenn auch ein etwas bescheideneres, erhalten. Es ist eine Goldschale der charakteristischen Form, die für sakrale Spendegüsse Verwendung fand. Bewundernswert ist die feine handwerkliche Ausführung des aus dem edlen Metall getriebenen Gefäßes, dessen Durchmesser 16,8 cm und

dessen Gewicht 836 g beträgt. Mit der Feinheit der Ausführung geht ein sensibles Gefühl für die Kunstform Hand in Hand. Zur Wirkung kommen zunächst nur die einfachen plastischen Formen der mittleren Kugelkalotte und der neun sie umgebenden Mulden. Erst bei genauerer Betrachtung fällt das doppelte zarte Perlornament auf, das im Gefäßinneren die Mitte und die Mulden begrenzt. Außen, am Rande, ist in korrekten korinthischen Buchstaben des späteren 7. Jahrhunderts eine Inschrift eingestanzt. Die vier Worte besagen, daß die Schale von den Kypseliden, d. h. von den Söhnen des Kypselos, aus (der Beute von) Heraklea geweiht wurde. Zwar ist die Stadt Heraklea, ohne weiteren Zusatz, heute nicht mehr genau zu identifizieren; wahrscheinlich handelt es sich um eine Stadt am Golf von Ambrakia. Aber durch die Inschrift wird das Gefäß für uns auch zu einem historischen Dokument.

Die kontinuierliche Staatsform und eben die auf eine Spitze ausgerichtete monarchische Regierung eines Usurpators nach orientalischem Vorbild war gewiß nicht zuletzt für die Macht und die Erfolge, aber auch für die künstlerische Blüte Korinths in früharchaischer Zeit verantwortlich. Gewiß, auch sie war nur eine Voraussetzung, keine Ursache. Aber offenbar hat die Tyrannis in den meisten Fällen das kulturelle Leben eher begünstigt, als gehemmt. Selbst für die ungeheure Menge und die gute Qualität der korinthischen Tongefäße ist die Tyrannis wohl eher eine Mitvoraussetzung gewesen als die Tatsache, daß sich in der Nähe Korinths gute und reichliche Tonlager befunden haben und noch befinden.

Daß die Fruchtbarkeit der Korinther in Technik und Handwerk sich durchaus nicht auf die keramische Industrie beschränkte, war bereits festzustellen. Die Festigkeit ihrer Stilformen äußert sich auch in der Plastik. Wenigstens in kleinem Format hatte das die Mündung des Ölfläschchens im Louvre schon gezeigt. Die Proportionen ABB. 10
dieses Gesichtes ähneln auffällig denen eines Frauenkopfes auf einem Kalksteinrelief aus Mykene. Gleich sind die Ausdehnung der ABB. 11
Gesichtsfläche und der Verlauf ihrer Begrenzungslinien. Gleich ist ferner der Schnitt der Augen und die Form der Nase; sehr ähnlich sind in ihrer Gestaltung die leicht plastisch ausgearbeiteten Brauenbögen über den Augen. Ähnlich waagrecht ist nach oben der Ab-

schluß der Stirne gebildet. Identisch ist bei beiden Köpfen die Frisur der Haare, die sogenannte ›Etagenperücke‹. Die beiden Köpfe können also nicht in weitem zeitlichen Abstand von einander entstanden sein und müssen darüber hinaus demselben Kunstkreis angehören, der bei dem Ölgefäß durch Technik und Material als der korinthische identifiziert ist. Daß auch das Relief in diesen gleichen Kunstkreis gehört, nimmt nicht wunder. Die übermächtige Bedeutung Korinths hatte in der Mitte des 7. Jahrhunderts in der nordöstlichen Peloponnes keinen Rivalen. Die Nachbarstädte erkannten offenbar das Primat Korinths ebenso an wie – wenn auch nicht immer willig – die politisch abhängigen Kolonien, selbst wenn sie in so weiter Entfernung von der Mutterstadt lagen wie Kerkyra und Syrakus. Die Entfernung zwischen Mykene und Korinth beträgt dagegen nur knapp mehr als 30 km.

Verhältnis der Plastik zur Architektur

Durch das Relief wird nun zugleich bewiesen, daß korinthische Bildhauer zu den ersten gehörten, die bei der plastischen Ausschmückung von Tempeln dorischer Bauordnung Anregungen gaben. Es ist sehr wahrscheinlich, daß das Relief zu einer Szene zu ergänzen ist, deren Bildtypus bis in hochklassische Zeit vorbildliche Wirkung hatte. Dargestellt ist unter einer waagrechten Abschlußleiste, deren vordere Fläche abgesplittert ist, das Antlitz einer jugendlichen Frau in reiner Vorderansicht. Es wird seitlich von der reichen Fülle des waagrecht unterteilten Lockenhaars, oben durch Löckchen gerahmt, die als eine Doppelreihe kleiner Ringe wiedergegeben sind. Die Gestalt war mit einem hemdartigen Kleidungsstück (Chiton) bekleidet, dessen Abschluß am Halse deutlich ist, ferner aber mit einem großen Tuch oder Mantel, der über den Kopf gelegt und dessen einer Zipfel, wie das Relief noch zeigt, vor die Brust gezogen ist, wohl von der rechten Hand. Jedoch ist auch die Bewegung des linken Armes noch zu erschließen: offenbar wurde mit der linken Hand der Mantel weit nach rechts gezogen. Denn das Schattendreieck über der linken Schläfe befindet sich in der Höhlung des Mantels, wird unten vom Haar, oben aber vom fast waagrecht nach rechts gezogenen Mantelsaum begrenzt. Das Motiv ist nicht anders denn als *Entschleierung* zu erklären. Die Figur ist auf eine zweite Figur hin komponiert. Wenn man die um zweihundert Jahre jüngere Darstellung des Götterpaares Zeus und Hera auf der einen Metope des Hera-Tempels in Selinus vergleicht, wenn man die noch verwandtere Komposition des gleichen Götterpaares im Zentrum des Parthenonfrieses heranzieht, wird auch die Deutung des Reliefs von Mykene zur Gewißheit. Es handelt sich um die gleiche Szene, die hier mit einfacheren Mitteln, aber nicht weniger eindrucksvoll dargestellt ist. Die Frau des Relieffragments ist eine Göttin, stellt wahrscheinlich Hera dar.

Das Relieffragment gehört zu einem Tempel, der im 7. Jahrhundert auf der Oberburg von Mykene erbaut wurde. In der Nähe dieses Tempels wurde eine Bronze-Inschrift gefunden, die etwa 150 Jahre jünger ist als das Relief und die möglicherweise eine Athena Polias erwähnt. Jedoch steht nicht fest, daß es sich bei dieser Athena um eine Göttin von Mykene handelt, noch weniger, daß der Tempel der Oberburg ein Athena-Tempel ist. Es ist nicht einmal ausgeschlossen, daß der Tempel, zu dem das Relief gehörte, wie derjenige in Selinus der Hera geweiht war: die Argolis und daneben noch Samos sind ja die beiden urtümlichen Zentren des Hera-Kultes. Dagegen kann das Relief nicht zu einer Serie kanonischer Metopen gehört haben, wie der Bau in Sizilien sie besitzt. Das Relief in Mykene ist zu einer Zeit entstanden, als die Kanonisierung der dorischen Bauordnung noch nicht abgeschlossen war. Andere Fragmente aus Mykene, die zur gleichen Reliefserie gehören, beweisen das, sind nicht als echte Metopen zu bezeichnen. Der Bau, in dem man nach dem Gesagten einen Hera-Tempel vermuten darf, fällt demnach in eine noch *protodorische* Entwicklungsphase der Architektur.

Es ist versucht worden, die Göttin unbekannten Fundorts, die aus einer Privatsammlung zunächst in das Museum von Auxerre, dann als Leihgabe in den Louvre gelangt ist, stilistisch mit dem Relief aus Mykene zu verbinden. Eine solche Verbindung ist, obwohl eine stilistische Verwandtschaft natürlich besteht, keineswegs gesichert. So hat man auch, häufiger noch, die ›*Dame von Auxerre*‹ für kretisch gehalten; so könnte man aufgrund gewisser Einzelheiten – der Haarstilisierung, der Plastizität der Brüste, des Ornamentmusters auf der Vorderfläche des Chitons – die Entstehung dieser Figur vielleicht ABB. 12

auch auf Samos oder auf einer der Kykladen-Inseln lokalisieren. Doch findet sie in unserer Betrachtung hier am besten ihren Platz. Denn sie ist, wenn nicht einer und derselben Werkstätte wie das Relief aus Mykene zugehörig, zumindest in der gleichen Entwicklungsphase der griechischen Kunst entstanden. Und die Gestalt als solche kann uns einen Hinweis darauf geben, wie man sich die ganze Figur der Hera des Reliefs etwa vorstellen darf. Auch das Material der beiden Kunstwerke, ein amorpher, leicht gelblicher Kalkstein, ist das gleiche. Verschiedenartig allerdings ist die Tracht, verändert die Frisur. Über dem gemusterten, von einem breiten Gürtel eingeengten Chiton trägt die Figur von Auxerre ein kurzes kragenartiges Schultermäntelchen, wie es auch auf Samos und Kreta üblich ist. Die Hauptunterteilung der Locken links und rechts vom Gesicht besteht in senkrechter Sonderung der einzelnen Haarbündel. Auch in der Form der Braue und im Detail der Lider sind gegenüber dem Relief aus Mykene leichte Unterschiede festzustellen. Sehr ähnlich ist dagegen die absolute Größe der Figuren: die Figur aus Auxerre ist 75 cm hoch; da das Relieffragment 40 cm in seiner Höhe mißt, ist die ursprüngliche Größe der Gestalten auf dem Relief mit etwa 70 cm anzunehmen.

Selbst wenn wir also die Göttin im Louvre dem korinthischen Kunstkreis zuschreiben würden, wäre damit für die nordöstliche Peloponnes noch kein lebensgroßes Standbild der Freiplastik gewonnen. Die zukunftsträchtigen Impulse, der Hauptstrom der Entwicklung innerhalb der Kunstgattung der Plastik geht jetzt von

GROSSPLASTIK

den lebensgroßen, ja von überlebensgroßen und weit überlebensgroßen Statuen aus. Nur wenige Überreste aus dieser Frühzeit der großplastischen Phase der griechischen Kunst sind erhalten, jedoch

ABB. 12 – Frauenfigur aus Auxerre, Kalkstein. Drittes Viertel des 7. Jahrhunderts v. Chr. *Höhe 75 cm. Paris, Louvre. Vgl. S. 47 f.*

ABB. 13 – Kniender Jüngling. Um 630 v. Chr. Elfenbein mit Bernsteineinlagen. *Höhe 14,5 cm. Aus dem Heraion von Samos. Athen, Nationalmuseum*

ABB. 14 – Ostgriechische Tierfrieskanne. Zweite Hälfte des 7. Jahrhunderts v. Chr. *Höhe 29 cm. Boston, Museum of Fine Arts. Vgl. S. 53*

12

13

14

15

16

17

wohl genügende, um den ursprünglichen Zustand zu rekonstruieren. Ihr Material ist vor allem Marmor, der jetzt zum ersten Male seit der Kykladenkultur des 3. Jahrtausends v. Chr. von griechischen Bildhauern wieder verwendet wird. Daneben sicher Holz – das bezeugt die literarische Überlieferung – und mit vernieteten Bronzeblechen überzogene Holzstatuen. Die älteste lebensgroße griechische Statue, die uns erhalten ist, ist das marmorne Standbild der Artemis, das die Naxierin *Nikandre* nach Delos geweiht hat. Diese präzise Information verdanken wir der Statue selbst, genauer gesagt der Inschrift, die der naxische Bildhauer mit zarten, altertümlichen Lettern ihrem Gewand eingemeißelt hat. Nach den Stilformen und nach dem Schriftcharakter der Buchstaben läßt sich diese Votivfigur datieren. Sie ist in der Mitte oder vielleicht kurz vor der Mitte des 7. Jahrhunderts entstanden. Ihr schließen sich in der zeitlichen Folge einige jüngere Statuen, mehr oder minder stark fragmentiert, an. Die Hauptfundorte sind Delos und Naxos. Für die weitere Entwicklung sind wahrscheinlich die reichen, natürlichen Vorkommen von Marmor guter Qualität auf den Kykladen-Inseln und eine gewisse handwerkliche Tradition, die sich vor allem auf Naxos und Paros bildete, nicht ohne Einfluß geblieben. Erst im weiteren Verlauf des 7. Jahrhunderts greift die Tendenz zu auch im Äußeren monumentalen Formen auf andere griechische Landschaften über, vielleicht am spätesten auf die Insel Rhodos im Osten und das korinthische Gebiet im Westen.

FIG. 10

Rhodos

Auf Rhodos spielt die Plastik offenbar überhaupt keine sehr wichtige Rolle. Charakteristisch für die Kunst der Insel sind während des ganzen 7. Jahrhunderts und auch noch bis in das 6. Jahrhundert hinein die mit Tierfriesen verzierten Gefäße. Eine sehr ruhige, har-

ABB. 14

ABB. 15 – Protokorinthische Kanne (Ausschnitt), aus Veji. Drittes Viertel des 7. Jahrhunderts v. Chr. *Gefäßhöhe 28 cm. Rom, Villa Giulia. Vgl. S. 54*

ABB. 16 – Protokorinthische Kanne (Ausschnitt), ehem. Besitz Chigi. Drittes Viertel des 7. Jahrhunderts v. Chr. *Gefäßhöhe 26 cm. Rom, Villa Giulia. Vgl. S. 55 f.*

ABB. 17 – Löwenjagd. Friesbild einer protokorinthischen Kanne, ehem. Besitz Chigi. Drittes Viertel des 7. Jahrhunderts v. Chr. *Gefäßhöhe 26 cm. Rom, Villa Giulia. Vgl. S. 55*

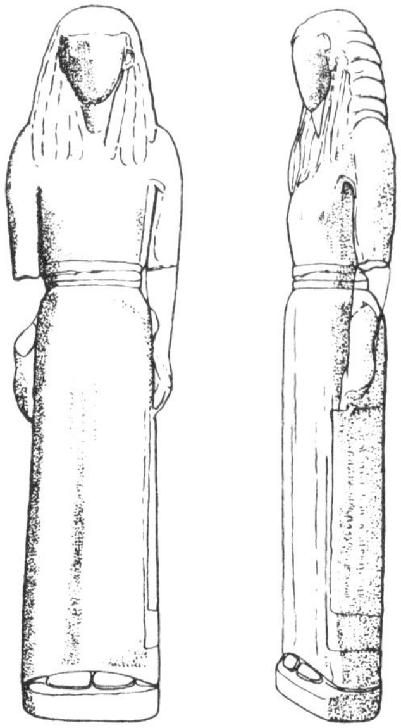

Fig. 10 – Artemis, Weihgeschenk der Naxierin Nikandre, Marmor, aus dem Artemis-Heiligtum auf Delos. Um 660 v.Chr. Höhe 1,75 m. Athen, Nationalmuseum (F. Matz, Frühgriech. Kunst I Taf. 78)

monische, aber auch etwas prosaische Dekoration. Der teppichhafte Charakter des Dekors, das orientalische Geblüt und Temperament der Vorbilder wird hier besonders gut bewahrt. Ganz anders ver-
Korinth hält sich Korinth. Wir haben gesehen, daß bereits in der Mitte des Jahrhunderts auch auf den kleinen korinthischen Öl-Lekythen das mythologische Handlungsbild ebenso zuhause war wie lebensvolle Darstellungen der Aktivität und des Treibens der Menschen der
ABB. 15 damaligen Zeit. Jetzt werden auch altorientalische Bildschemata wie die Kampfgruppe von Löwe und Stier restlos in die griechische Art umgeformt, mit einem dramatischen Ernst dargestellt, dessen ›innere Monumentalität‹ unmittelbar sinnfällig wird. Die Ritztechnik macht auf dem Tongrund der Vase eine Wirkung möglich, die sonst nur der ehernen Schärfe der Gravierung in Metall vorbehalten ist; echt keramisch ist natürlich die sparsame Verwendung von Deckfarben – weiß (jetzt verschwunden, ursprünglich auf der Löwenmähne) und purpur, im Kontrast zu der im Brand grünlich verfärbten dunklen Gefäßoberfläche.

Etwas jünger wiederum als die Kanne, von der das eben beschriebene Bild stammt, ist das Meisterstück, die Gipfelleistung der korinthischen Keramik überhaupt. Diese Kanne, ehemals in der Samm-

lung Chigi, befindet sich jetzt im Museum der Villa des Renaissance-Papstes Julius II. Für ein korinthisches Gefäß ist sie mit ihren 26 cm Höhe schon verhältnismäßig groß. Dennoch gebührt dem Maler der Bilder gerade wegen der miniaturhaften Feinheit seiner Bildfriese der Preis. Auf dem obersten ein Kampfbild, bei dem aber die Schlacht nicht mehr in einzelne Zweikämpfe der Helden miteinander aufgelöst ist, sondern bei dem zwei Heerhaufen in geschlossener Schlachtordnung gegeneinander anrücken. Darunter ein schmaler Fries, auf dem Jagdhunde flüchtende Bergziegen verfolgen. Der nächstuntere, der zweite der beiden Hauptfriese, zeigt drei voneinander unabhängige Szenen: Wagenfahrt und Reiterpro- ABB. 16
zession durch eine heraldisch gezeichnete Sphinx von dem Bild ABB. 17
einer Löwenjagd getrennt und unter dem Henkel eine Darstellung des Paris-Urteils. Nur bei dieser letzteren, der am stärksten zerstörten Darstellung auf der Kanne, hat der Maler die Namen Alexandros, Athanaia, Aphrodite (und wohl auch) Hera und Hermes den entsprechenden Figuren beigeschrieben und sie so als Personen des Göttermythus charakterisiert. Daraus dürfen wir wahrscheinlich folgern, daß die übrigen Gestalten nicht als mythische, sondern als solche des täglichen Lebens aufgefaßt werden sollen. Eines Lebens allerdings, das nicht nur in der Realität verhaftet ist, sondern zu dem auch eine starke Phantasie das ihre beiträgt. Denn es ist nicht etwa anzunehmen, daß im peloponnesischen Bergland damals Löwenjagden stattfanden. Vielmehr ist ein assyrischer Bildtypus den griechischen Vorstellungen und der griechischen Umwelt angepaßt und dann mit der behenden Lebhaftigkeit des korinthischen Pinsels und besonders des korinthischen Ritzstiftes geschildert. Mit der gleichen echt archaischen Keckheit, aber auch mit Stolz und Anmut sind die Reiter samt ihren Pferden und Beipferden bewegt. Die altertümlichere Frisur der Etagenperücke ist aufgegeben; statt ihrer ist das Haar in fülligen Zöpfen abgeteilt, die vor und hinter den Schultern herabhängen. Sicher beabsichtigt ist der wunderbare Nuancen-Reichtum, der sich durch den Brand bei der Oberflächenfarbe eingestellt hat, vom Gelblichen zum Hellbraun, vom Hellrot zu Dunkelrot und schwärzlichem Rotbraun. Aber vielleicht ist das Eigentümlichste an diesen Bildern wie sehr sie, unbe-

wußt, völlig in der Gegenwart leben, ihr Menschliches, Diesseitiges. Obwohl keine Rede sein kann von Humor oder gar Parodie, teilt sich eine gewisse ›Heiterkeit‹, ein irdisches Vertrauen noch solchen Szenen mit wie etwa der Löwenjagd, die doch für den einen Beteiligten schlecht ausgeht, ja der grausamen Züge nicht entbehrt. Und in höchstem Maße gelten solche Feststellungen von dem untersten Fries, auf dem erfolgreiche Jäger hinter Gebüschen den Hasen und den Füchsen auflauern. Wie ein sorgfältig geritztes Palmetten-Lotus-Band auf der Kannenmündung die Bildfriese oben begrenzt, so unten eine schwarz gefirnißte Zone und das übliche Strahlenornament über dem Tonring, auf dem das Gefäß aufsteht.

ELFENBEIN-SCHNITZEREI

B.A. 2 UND 3

Gleichzeitig und von gleich hoher, wenn nicht sogar höherer künstlerischer Qualität ist die Elfenbeinstatuette eines knieenden Jünglings, die auf Samos gefunden wurde. Doch scheint bei ihr im Gegensatz zu der korinthischen Kanne die Zuweisung an einen stilistisch bestimmten, landschaftlichen Kunstkreis noch nicht möglich. Eine Einbeziehung der Elfenbeinfigur in den korinthischen Bereich würde auf Schwierigkeiten stoßen, obwohl die Haartracht der der Jünglinge auf der Chigi-Kanne ähnlich ist, die vorne rechts und links auf die Schultern fallenden Zöpfe sogar getrost identisch denen auf den vergleichbaren Bildern der Kanne genannt werden können. Auch die agile Präzision der Führung der Umrißlinien läßt sich gut vergleichen. Aber bei sicher korinthischen Elfenbeinschnitzereien ist die Gesichtsform ausgesprochen dreieckig, nicht so sehr gerundet wie bei der Statuette von Samos. Darin spricht sich, ebenso wie in der Gestaltung der Lider und Brauen der großen Augen eher jonisches Wesen aus. Andererseits bieten ungefähr gleichzeitige samische Ton- und Metallköpfchen auch keine völlig überzeugende Parallele. Sicher muß man damit rechnen, daß gerade das Gewerbe des Elfenbeinschnitzers ihn auf ein unstetes Wanderleben drängte. Das Material für seine Arbeiten mußte er selbst oder mußten seine Auftraggeber aus dem fernen Indien beziehen. In einer Lebensbeschreibung des Apollonius von Tyana (Philostratos, Ap. 5, 20) werden diesem Philosophen die Worte in den Mund gelegt: »Früher, in den alten Zeiten, brachten die Künstler nur ihre Geschicklichkeit und ihre Werkzeuge mit (ausdrücklich sind die

›Geräte des Elfenbeinschnitzers‹ erwähnt) und führten dann ihre Aufträge an Ort und Stelle aus.« Die Tradition gerade dieses Handwerks haben die Griechen sicher von den Syrern, Phrygern und Phöniziern übernommen; mag sein, daß auch orientalische Künstler Griechenland bereist haben, dann seßhaft geworden und hellenisiert worden sind. Die samische Statuette jedenfalls erweist sich im Vergleich mit nah-östlichen und phönikischen Elfenbeinarbeiten als rein griechisch. Im Technischen allerdings, vor allem in der Einlegetechnik – die Stirnlocken, die Brauen, die Augen, das Schamhaar – ist ihr Verfertiger deutlich ein Schüler der erfahrenen syrischen und phönikischen Schnitzer. Bernsteinreste befinden sich noch heute jeweils im Mittelpunkt der Stirnlocken. Was nun die Statuette in ihrer Gesamterscheinung von allem Orientalischen unterscheidet, ist die ›heilig-nüchterne‹, fast durchsichtige Klarheit ihres Aufbaus, ihre gleichsam kristallinische Struktur. Das ist deswegen um so mehr bemerkenswert, als es sich bei ihr nicht um ein autarkes kleines Kunstwerk, sondern lediglich um den Teil eines Gerätes handelt. Verschiedene Möglichkeiten der Ergänzung sind erwogen worden. Die wahrscheinlichste ist diejenige, die die Jünglingsfigur mit einer zweiten, im Gegensinn komponierten zusammen FIG. 11 als Verbindungsstreben zwischen dem Klangkörper einer Leier und dem Holzwirbel, mit dem die Saiten gespannt werden, versteht. Der erlesene Kunstwert der Elfenbeinteile hat unter der dienenden Einfügung in einen größeren Zusammenhang nicht gelitten: auch das Ganze muß ursprünglich von schwereloser Schönheit gewesen sein.

PLASTIK AUS STEIN, HOLZ UND BRONZE

Die Frühgeschichte der griechischen Freiplastik zeichnet sich jetzt dank glücklicher, unerwarteter Neufunde deutlicher ab. Sie ist besonders durch die französischen Ausgrabungen auf Delos, die griechischen auf Naxos, durch die deutschen Ausgrabungen im Kerameikos und die amerikanischen in der Agora von Athen bereichert worden, was die Großplastik selbst betrifft. Die geistige Haltung, die zur Großplastik führt, kann sich jedoch, wie wir gesehen haben, auch in Kunstwerken kleineren Ausmaßes zeigen. In dieser Hinsicht sind für die Geschichte der Plastik auch Kleinfunde wie etwa eine Holzstatuette der Hera, aus der ersten Hälfte des

7. Jahrhunderts, oder die eben besprochene Elfenbeinfigur, aus der zweiten Hälfte, wichtig. Beide Statuetten wurden im Hera-Heiligtum von Samos in den letzten Jahren gefunden; sie befinden sich jetzt im National-Museum von Athen, sind dort aber nicht öffentlich ausgestellt. Ein etwas älterer Fund (1941) muß in diesem Zu-
ABB. 18 sammenhang jedoch unbedingt erwähnt werden: die Bronzestatuette eines Wagenlenkers, die in Olympia, in unmittelbarer Nähe des Stadions, ausgegraben wurde. Die durchbohrten, zur Faust geschlossenen Hände dieses Wagenlenkers hielten die Zügel, die rechte außerdem den Lenkstab; auch er ordnete sich also ehemals in einen größeren Zusammenhang ein, war Teil einer ›Gruppe‹ von Pferden, Wagen und Lenker. Derartige Gespanne wurden schon seit geometrischer Zeit in das Heiligtum von Olympia geweiht. Unsere Statuette jedoch, so wie sie isoliert erhalten ist, zeich-

Der Kuros-Typus

net sich durch eine besondere Affinität zu dem Haupt-Typus der statuarischen griechischen Plastik aus, der mit einer Benennung, die auf den griechischen Archäologen Leonardos zurückgeht, heute allgemein als *Kuros* bezeichnet wird. Es ist der Typus des stehenden, nackten, frontal und im Wesentlichen symmetrisch komponierten, jugendlichen Mannes, der das linke Bein leicht vorsetzt und die Arme gesenkt hält. Dieser Typus, in seiner vielhundertfachen Wiedergabe, kann als repräsentativ für die gesamte archaische Kunst Griechenlands gelten. Ihm gegenüber ist die im eigentlichen Sinn ›geometrische‹ Plastik trotz ihrer stärkeren Stilisierung letztlich weniger schematisch: ihre Proportionen sind nicht festgelegt, ein fruchtbarer Widerstreit zwischen Naturalismus und Stilisierung bleibt stets spürbar. Trotz dieser Stilisierung erscheint die geometrische Plastik in ihrer Gesamtheit weniger einheitlich. Jede einzelne Statuette trägt – manchmal schon in ihrem Bewegungsmotiv, aber fast immer in ihren Detailformen – prononziert individuelle Züge zur Schau! Hierzu steht der ausgebildete archaische Stil in völligem Gegensatz. Anstelle der Vielheit, der mannigfachen Möglichkeiten ist eine einzige, mathematisch strenge Konzeption getreten, eben der Typus. Wie für Platon die Welt der Erscheinungen aus den Abbildern, dem Abglanz der Ideen besteht, so sucht jede einzelne Kuros-Statue gleichsam die Idee eines Kuros zu verwirk-

Fig. 11 – Leier von Samos. Rekonstruktion und Zeichnung von D. Ohly (Ath. Mitt. 74, 1959, 54 Abb. 7)

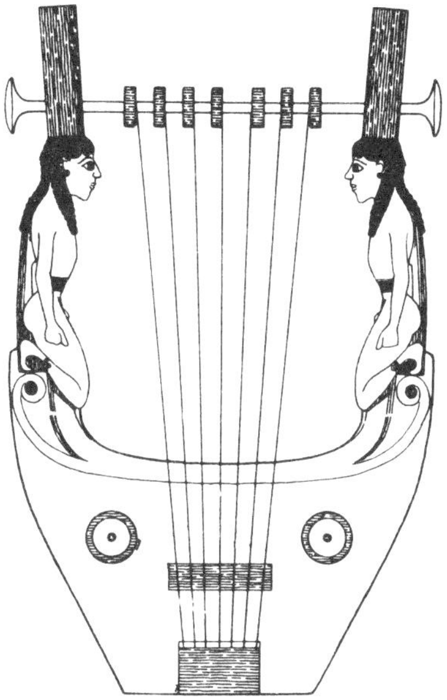

lichen. Daß der Typus später in Ausnahmefällen gewisse Variationen erlaubt, daß es neben dem Kuros die Typen der stehenden weiblichen, bekleideten Gestalt und der bekleideten Sitz-Statue gibt, ändert am Grundsätzlichen nichts.

Tatsächlich sind Platons Ideenlehre und die Form-Typen der archaischen Kunst verwandte Phänomene. Aber die archaische Plastik ist nicht etwa eine in der bildenden Kunst um Jahrhunderte vorweggenommene konkretisierte Ideenlehre. Denn erstens ist die Plastik zur Zeit Platons und überhaupt die ›Klassische Kunst‹ in ihrer Spannung zwischen Naturalismus und Stilisierung wieder der vorarchaischen, der geometrischen vergleichbarer – es ist hier also keine konstante Weiterentwicklung des Typus auf die platonische Idee hin festzustellen. Und zweitens gewinnen die archaischen Typen erst dann ihre eigentliche Bedeutung, wenn man die äußeren Formen auf das hin befragt, was ihre innere Absicht ist, wie die Idee beschaffen ist, der sie dienen. Diese Idee ist ganz und gar unplatonisch.

Es gibt zahlreiche Perioden der Geschichte, in denen der Inhalt der Darstellungen ihrer bildenden Kunst die *Natur* ist. Dies gilt, im allgemeinen Sinne, also für viele Länder und Völker, für viele Entwicklungsphasen der Kunstgeschichte. Doch entspricht dieser allgemeinen Aussage auch eine große Vielfalt der Darstellungs*möglichkeiten*. Die erste und wichtigste Einschränkung des allgemeinen Grundsatzes besteht für die entwickelte archaische Kunst der Griechen darin, daß hier die Natur als sinnlich unmittelbar, als greifbar gegenwärtig zu verstehen ist. Eine konsequente Diesseitigkeit der Natur ist hier ihr erstes Charakteristikum. In diesem Sinne muß es auch verstanden werden, wenn man die griechischen Philosophen dieser Zeit Naturphilosophen nennt. So ist die Konzeption des Thales zu begreifen, die von Nietzsche mit vollem Recht als revolutionäre, geniale Gedankenleistung bezeichnet worden ist, daß *der Ursprung aller Dinge das Wasser* sei. In einem solchen philosophischen Satz äußert sich ebenso wie in den wenigen Grundtypen der archaischen Kunst der unbewußte, beinahe manische Trieb, auf einfachste Formeln zurückzugehen, vor allem den Urstoff, die Anfänge, im Allereinfachsten aufzusuchen. Ferner: Dieser Urstoff, dieses Allereinfachste ist nicht transzendent, gehört nicht in die Welt des reinen Denkens, in das Gebiet der Fabeln oder der Mythologie, sondern ist in jedem Sinne eine diesseitige Substanz. Nur scheinbar gibt der Philosoph Anaximander, der jüngere Zeitgenosse des Thales, eine solche stofflich-substantielle Urwahrheit dadurch auf, daß er erklärt, das *Unbegrenzte* sei der Ursprung aller Dinge. Denn es ist längst erkannt und es läßt sich aus den Fragmenten von Anaximanders Lehre schlüssig erweisen, daß auch dieses Unbegrenzte durchaus stofflich, diesseitig gemeint ist. Freilich ist bei Anaximander die

ABB. 18 – Bronzestatuette eines Wagenlenkers aus Olympia. Zweites Viertel des 7. Jahrhunderts v. Chr. *Höhe 23 cm. Olympia, Museum. Vgl. S. 58, 66*

ABB. 19 – Mädchenstatuette aus Ephesos, Elfenbein. Um 600 v. Chr. *Höhe 6,3 cm. Cambridge, Fitzwilliammuseum. Vgl. S. 66*

ABB. 20 – Trinkbecher (Skyphos). Protokorinthisch, frühes 7. Jahrhundert v. Chr. Ton mit Firnisbemalung, Deckweiß und Deckrot. *Höhe 19 cm. Aus Kamiros (Rhodos). London. British Museum*

18

19

21

22

23

24

extreme Simplizität der Anschauungen des Thales aufgegeben; zugleich damit allerdings auch etwas von ihrer Großartigkeit. Das Unbegrenzte ist bei ihm nicht etwa die Unendlichkeit an sich, sondern ein unendlicher Stoff, aus dem ›durch Ausscheidung‹ ständig eine unbegrenzte Zahl von substantiellen Schöpfungen hervorgehen, und eben deswegen kommt dem Urstoff selbst das Prädikat des Unendlichen zu.
Thales wie Anaximander stammen aus Milet, der Griechenstadt auf kleinasiatischem Boden. Da liegt es nahe zu fragen, ob im Gedankengebäude, das diese jonischen Naturphilosophen entwerfen, nicht auch orientalische Einflüsse wirksam sind. Wenn ihre Lehren dem Orient etwas verdanken, kann das nur ein erster Anstoß gewesen sein, der zu den charakteristischsten urgriechischen Denkformen geführt hat.
Denn das Wichtigste an der Weltauffassung der frühen griechischen Philosophen – und zugleich auch das einheitliche, gemeinsame Fundament der Anschauungen des Thales und des Anaximander – ist ihre extreme Dinglichkeit. Ihr entspricht in der bildenden Kunst »die absolute Darstellung des blühenden, kräftigen Lebens durch die unnatürlich vereinfachte Form«. Daß Geist und Bewegung, daß Dasein und Werden nur in körperlich greifbarer Gestalt lebendig ist – das ist so rein griechisch gedacht, daß es deutlich bis zu Platon, im Grunde jedoch bis zum Beginn der Spätantike im 3. Jahrhundert n. Chr. Geltung gehabt hat. Die bildende Kunst geht einen Schritt

ABB. 21 – Grabamphora vom Piräus. Drittes Viertel des 7. Jahrhunderts v. Chr. *Höhe 1,10 m. Athen, Nationalmuseum. Vgl. S. 70, 168*

ABB. 22 – Kopf einer Jünglingsstatue aus der Nekropole vor dem Doppeltor von Athen, Marmor. 620–610 v. Chr. *Höhe 44 cm. Athen, Nationalmuseum. Vgl. S. 71, 85*

ABB. 23 – Protokorinthisches Salbgefäß in Gestalt einer Ente. Um 650 v. Chr. *Länge 8,4 cm. Berlin, Pergamonmuseum. Vgl. S. 80, 85*

ABB. 24 – Kalksteinlöwe von einem Grabmal auf Kerkyra. Um 600 v. Chr. *Länge der Basis 1,22 m, Kerkyra, Museum. Vgl. S. 85*

weiter. Jedenfalls in archaischer Zeit ist nicht die gesamte Natur in all ihren Erscheinungen, sondern der Mensch selber das Hauptthema der Kunst. Im Hinblick auf den Menschen werden auch Gerät und Gebäude gesehen. Daß sogar etwa Gefäß- und Säulenform als Gleichnis der menschlichen Gestalt betrachtet werden können, ist längst und oft gesagt worden. Für die archaische Plastik aber gelten diese Voraussetzungen in so hohem Maße, daß uns geradezu aus den Statuen »ein naiver, selbstbewußter Stolz auf die Schönheit und Vollkommenheit des eigenen Körpers und damit verbunden eine von aller Reflexion weit entfernte Freude am Dasein entgegenstrahlen«. Das ist zugleich jedoch auch ein Anzeichen dafür, daß in archaischer Zeit die Identifikation von Mensch und Statue jedenfalls prinzipiell nicht unmöglich erscheinen mochte. Allerdings verlangt eine solche Einstellung zumindest *›natürliche Größe‹* oder *›Lebensgröße‹* von den Statuen. Statuetten – so vollkommen sie innerhalb ihrer Kunstgattung sein mögen, wie etwa

ABB. 18 der bronzene Wagenlenker aus Olympia oder eine elfenbeinerne

ABB. 19 Mädchenfigur aus Ephesus – können nicht unter diesem Aspekt betrachtet werden. Während uns in der Knabenstatue des Metropoli-

B.A. 4 tan Museum in New York, metaphorisch gesprochen, die Inkarnation eines Menschen an sich entgegentritt.

Nacktheit und Bekleidung

Die Marmorfragmente, durch die in den Jahren nach der Mitte des 7. Jahrhunderts großplastische Skulpturen im Kuros-Typus bezeugt sind, wurden schon erwähnt. Sie stellen die im übrigen nackte Gestalt allerdings noch mit einer Andeutung von Bekleidung, nämlich mit einem Gürtel dar. Solche Gürtel sind als Einzelheit der Tracht eine aus der mykenischen Epoche übernommene Tradition. Sie wurden im 7. Jahrhundert in gleicher Weise von Männern und Frauen getragen. Besonders kostbare Exemplare wurden auf Kreta und in Vorderasien aus Metall und Leder gefertigt und in alle griechischen Landschaften exportiert. Fraglich ist, ob sie ein besonderer Bestandteil der Tracht der Leichtathleten waren. Jedenfalls hängt die völlige Nacktheit, die sich bei den griechischen Männerstatuen schließlich durchsetzt, sehr wahrscheinlich mit einer Geschichte zusammen, die für die sportlichen Wettkämpfe einer Olympiade in der ersten Hälfte des 7. Jahrhunderts berichtet wird.

Wenn auch diese Geschichte deutlich anekdotischen Charakter hat, spiegelt sie doch offenbar tatsächlich erfolgte Veränderungen in der Tracht und damit ganz allgemein in der Körper-Auffassung wider. Beim Wettrennen, so heißt es, habe damals ein Läufer seinen Lendenschurz verloren und sei deswegen als erster ans Ziel gekommen. Und seitdem soll man bei den olympischen Spielen nackt zum Wettlauf angetreten sein. Zwei weitere Einsichten lassen sich aus dieser Geschichte noch gewinnen. Erstens: Daß wir die nackten Männerstatuen und die nackt ausgetragenen sportlichen Wettkämpfe als in gleicher Weise bezeichnend und typisch für das Griechentum betrachten dürfen. Und zweitens: Daß im täglichen Leben auch späterhin die Nacktheit keineswegs üblich war und daß auch die Männer, wie es ebenfalls durch die Fülle der Vasenbilder belegt wird, nackt nur beim Sport – und allenfalls im Verlauf eines ausgelassenen Trinkgelages – in Erscheinung treten. Das heißt, die Nacktheit hebt die Statue eines jungen Mannes ähnlich aus dem alltäglichen Umkreis heraus, wie der Athlet in der Stunde seiner Bewährung bei den festlichen Wettkämpfen dem Alltag enthoben ist. Auch die Statue bedeutet Feier. Dem entspricht es, wo und aus welchem Anlaß sie errichtet wird. Sie kann nämlich entweder in einem Heiligtum oder auf einem Grab aufgestellt werden. Im ersten Fall stellt sie ein Geschenk an den Gott, eine Weihung dar, die entweder von öffentlicher oder von privater Seite vollzogen sein kann. Als Stifter kommen also eine Gemeinde oder auf Antrag in der Volksversammlung eine Stadt, aber auch ein mehr oder weniger einflußreicher Privatmann, ein siegreicher Athlet oder seine Angehörigen, ein Feldherr oder Kapitän, aber schließlich der Vertreter jeden Berufs, der sein Leben und Tun günstig mit der Gottheit verbinden möchte, infrage. Die dem Gott geweihte Statue kann entweder eben diese Gottheit oder auch den Stifter selber bedeuten; sie kann in manchen Fällen aber wohl auch den allgemeinen Sinn eines besonders schönen und nicht näher benannten Menschen, eines vollkommenen Bildwerks haben.

Ist die Statue auf einem Grab aufgestellt, so bedeutet sie nicht einzig und allein ein Mal, das die Stätte als solche bezeichnen soll, sondern sie hält auch das Angedenken an den Verstorbenen und hier Bestatteten wach, sie ist – wenn es sich um eine Männerstatue oder um eine Frauenstatue handelt – sein Abbild. Dieses Abbild ist jedoch niemals physiognomisch getreu und will es nicht sein. Die Grabstatuen von Männern werden schon durch die Nacktheit, wie wir gesehen haben, der alltäglichen Erscheinung enthoben. Wenn es auch zahlreiche inschriftliche Zeugnisse dafür gibt, daß Jungverstorbene durch besonders prächtige Grabmäler geehrt wurden, ist andererseits ebenfalls gesichert, daß gelegentlich auch das Grab eines in reiferem Alter verstorbenen Mannes durch eine Kuros-Statue, also durch das Standbild eines jugendlichen Mannes, bezeichnet war. Man kann daher diese Zeugnisse als Beweis dafür werten, daß sowohl im Leben als auch in der Kunst der Typus dem Einzelfall bestimmend übergeordnet war.

Der Jüngling in New York ist die älteste vollständig erhaltene Statue im Kuros-Typus. Es handelt sich in diesem Fall um eine Grabfigur: sie war ursprünglich in dem Gräberbezirk einer Familie des attischen Landadels aufgestellt. Sehr schwache Spuren von Bekleidung sind auch bei dieser Statue noch vorhanden; jedoch betreffen sie noch weniger als der Gürtel der älteren Entwicklungsphase die eigentliche Tracht, sondern deuten mit dem Halsband und dem Haarband nur einen fast modischen Schmuck an. Den späteren Kuroi des 6. Jahrhunderts verbleibt von diesen Details lediglich das Band, das die Haare zusammenhält und ordnet, weil es ein Teil der Haarfrisur ist, das sich auch aus der künstlerischen Wiedergabe dieser Frisur nicht herauslösen läßt.

Ein Phänomen im Entwicklungsgang der archaischen Plastik soll noch hervorgehoben werden. Es betrifft das Thema im einfachsten
FIG. 10 Sinn. Innerhalb der Entwicklungsgeschichte die einerseits von der Votivstatue der Nikandre, andererseits von der Jünglingsfigur in
B.A. 4 New York eingegrenzt wird, vollzieht sich insofern thematisch eine Veränderung, als zu Beginn dieses Zeitraums die weiblichen Figuren im Zahlenverhältnis deutlich überwiegen, am Ende dieses Zeitraums jedoch die männlichen. Auch diese Tatsache weist der Statue in New York eine repräsentative Stellung für die Kunstgeschichte zu. Mit ihr wird zum ersten Male, soweit das Erhaltene uns einen Einblick gewährt, ein griechischer Bildhauer der Möglichkeiten

und Mittel gewahr, um in freier Stilisierung das großplastische Standbild eines Menschen zu schaffen. Dabei ist seine persönliche Handschrift so charakteristisch, daß man mit Recht versuchen konnte, sie in einem etwas jüngeren Werk wiederzuerkennen.
Wir, die wir in unserem Dasein und in der Kunst der Gegenwart von so sehr verschiedenen Voraussetzungen ausgehen, müssen mit einer Deutung der jetzt insgesamt für die Statue in New York aufgezählten Feststellungen außerordentlich vorsichtig sein. Nur für das Künstlerische läßt sich soviel mit einiger Gewißheit sagen, daß ein attischer Bildhauer kykladische Vorbilder im Sinne einer jüngeren Zeit und zugleich befähigt durch eine höhere Gestaltungskraft in solchem Maße umgeformt, verlebendigt hat, daß man im Anblick der ganzen Gestalt von einem »Frühling neuer Daseinsentdeckung«, für das Antlitz sogar schon von einem »Erwachen des Mienenspiels« sprechen kann. Daß daneben sich auch noch Spuren der Tradition durchaus finden, ist freilich ebenso deutlich geworden und ist vor allem in dem Typus begründet, den der Bildhauer vorfand und den er selber auch seinen Nachfolgern umgestaltet und vervollkommnet wieder weitergegeben hat. Dabei ist dem Künstler außer der bereits genannten Verlebendigung der Formen, die sich schon in jedem Quadratzentimeter der plastischen Oberfläche erkennen läßt, eine stärkere Durchdringung der Figur mit stofflichem Volumen zu verdanken, die trotz glasklarer geometrischer Struktur der vier Ansichtsflächen die Statue in höherem Maße als ihre älteren Vorgänger als räumliches Gebilde erscheinen läßt. Die geometrische Ordnung der Flächen, auf die hin die Gestalt komponiert ist, tritt am deutlichsten in der Stilisierung der Muskeln und Sehnen des Körpers hervor, die jedoch keineswegs naturalistisch, sondern im Hinblick auf die formale Gliederung gebildet sind. Anklänge dieser Strukturen sind schon im anatomischen Detail des Elfenbein-Jünglings von Samos nicht zu überhören. Sie äußern sich bei dem Kuros FIG. 11
in New York mit klarer Betonung in jeder Ansicht: auf dem Rücken in der Umrandung der Schulterblätter und Ellbogen, auf den Seiten in der Gestaltung der Handknöchel und Waden, in der Vorderansicht schließlich in den Schlüsselbeinen, den Leistenlinien und den Kniescheiben am deutlichsten.

ABB. 21 Eine Amphore mit schwarzfiguriger Malerei, die in der Hafenstadt Piräus gefunden wurde, entspricht in der gegenüber älteren attischen Vasen voluminöseren Form des Gefäßkörpers, aber auch in der besonderen Klarheit der Zeichnung ihrer Figurenbilder etwa der Entwicklungsstufe, die die Statue in New York für die Plastik vertritt. Dieser Vergleich zeigt, daß auch die Statue noch im dritten Viertel des 7. Jahrhunderts angesetzt werden muß. Dem Töpfer des Gefäßes ist mit der Gesamtkonzeption im Verhältnis des Gefäßkörpers zum Hals, im Verhältnis dieser beiden Teile zu den kräftigen Henkeln eine ähnlich einheitliche Gestaltung gelungen wie dem Bildhauer mit der Statue. Der Maler jedoch, der das Gefäß bemalt hat, steht hierin noch zurück. Zwar hat auch bei ihm die Form der Bilder durchaus Monumentalität. Auch ist die schwarzfigurige Technik der Bildmalerei, die kurz vorher und zunächst nur zögernd durch die attischen Maler von den Korinthern übernommen war, jetzt vollkommen beherrscht und für die Gesamtheit der Dekoration angewendet, aber die einzelnen Bildelemente sind thematisch heterogen und fügen sich auch in der Komposition des Bildfrieses nicht überzeugend zu einer harmonischen Einheit zusammen. Das liegt wohl zum Teil daran, daß der Maler nicht nur konsequent von Korinth die Maltechnik, sondern auch einige Darstellungsformeln, die die korinthischen Maler sich für ihre Bilder erarbeitet hatten, übernommen hat. So ist z. B. der hockende Löwe, wie er auf der Amphore aus dem Piräus unter dem einen Henkel gemalt ist, in seinen Einzelheiten und in seiner ganzen Komposition eine fast unmodifizierte Wiederholung korinthischer Vorbilder. Solche Formeln stehen als Fremdkörper im Vorrat der attischen Bildtypen. Das tritt allerdings in der Hauptansicht, die zwei Zweigespanne in gestaffelter Anordnung zeigt, nicht deutlich hervor. Zudem ist die Darstellung der Pferde wieder eine ausgezeichnete Parallele zur Plastik in der Art, in der hier wiederum kykladische Vorbilder in selbständiger Weise so umgeformt, dem attischen Stil eingeformt sind, daß die Formen sowohl lebendiger wie auch klarer erscheinen. Mit welcher Liebe, mit welcher Einfühlung des Malers in das Wesen des stolzen Tieres ist auch der Hahn auf dem Hals des Gefäßes gezeichnet. Die Füllornamente um die Figurenbilder, die verschiedenen Ornamentstreifen über und unter den Bildern sind dann wieder weder untereinander noch im Verhältnis zu den figürlichen Darstellungen zu einer künstlerischen Einheit zusammengeschweißt. Ein solcher Einklang aller Bildformen und wiederum aller Dekorationselemente mit der plastischen Gefäßform blieb in Athen erst der nächstjüngeren Entwicklungsstufe der Vasenkunst vorbehalten.

Pausanias, der kaiserzeitliche Reiseschriftsteller und Mythograph, sagt von den Statuen eines Bildhauers Daidalos, von denen er selber offenbar noch einige mit eigenen Augen gesehen hat, daß sie einerseits zwar sonderbar aussähen, daß ihnen aber andererseits etwas Göttliches eigne. Andere Schriftsteller, an der Spitze Platon (Meno 97), heben – natürlich im Vergleich und im Unterschied zu noch älteren Statuen – die besondere Lebendigkeit der Werke des Daidalos hervor. Bei ihnen seien die Gliedmaßen nicht blockhaft miteinander verbunden, sondern sie seien so vom Körper gelöst, daß geradezu der Eindruck entstünde, als ob die Statuen sich bewegen könnten. Man hat diese Überlieferungen gewiß nicht mit Unrecht in Verbindung mit dem Bildhauer der archaischen Jünglingsstatue in New York gebracht. Nun ist der Name Daidalos ein Berufsname, den mehrere Bildhauer getragen haben; er bedeutet etwa ›geschickter Künstler‹. Natürlich reichen diese Argumente nicht dazu aus, um die Hypothese aufzustellen, der Schöpfer der Statue in New York habe Daidalos geheißen. Doch kann in diesem Fall die literarische Quelle zur Erhellung des Hintergrunds beitragen, vor dem die Griechen selbst derartige Skulpturen gesehen haben. Wenn dieser Künstler aber für uns noch anonym bleibt, haben wir doch wenigstens das unerhörte Glück, eins der Hauptwerke seiner Reifezeit noch zu besitzen, wenngleich in stark fragmentiertem Zustand. Aber der Kopf ist erhalten! Ein herrliches Haupt. Die Einzelformen, wie sie bei der Statue in New York schon angelegt erscheinen, sind hier noch stärker der individuellen und zufälligen Züge enthoben, sind in eine Ewigkeitswelt, in den Bereich absolut gültiger Formen hineingeführt. So ist z.B. bei dem Kopf und bei der Statue das wunderbare ornamentale Ohr jeweils gleich und doch nicht gleich: bei dem Kopf ist die Form des Ohres bereichert und vergrößert,

Daidalos

ABB. 22

sowohl in den meßbaren Dimensionen wie darin, was die jetzt makellose Entsprechung jedes einzelnen Details zu jeder anderen Einzelheit betrifft. In der Seitenansicht wirkt vor allem die Großflächigkeit des Gesichtes, in der Vorderansicht die durchgeistigte Formung des schlanken Schädels mit den groß geschnittenen Augen. Die ursprüngliche Höhe des Standbildes, zu dem der Kopf gehörte, betrug etwa 2,50 m, d.h. um ein Drittel mehr als die Höhe der Statue in New York. Das Material ist das gleiche, nämlich Kykladenmarmor allererster Qualität. Der Kopf wurde vor 50 Jahren bei den Ausgrabungen im Kerameikos gefunden, verbaut in das Doppeltor (Dipylon) der Stadtbefestigungen von Athen. Nicht fern von dieser Stelle wurde 10 Jahre später die zugehörige rechte Hand, vierzig Jahre später wurden fünf weitere, sehr wahrscheinlich zugehörige Fragmente bei den Ausgrabungen auf dem antiken Marktplatz (Agora) von Athen gefunden. Teile der linken Hand, des rechten Oberschenkels und der Schultern, Teile des Rückens, das rechte Knie und der linke Gesäßmuskel sind so erhalten. Doch verlaufen die Brüche so ungünstig, daß von diesen Fragmenten nur drei Bruch an Bruch aneinander passen. Trotzdem läßt sich der Aufbau der ganzen Figur erkennen. Sie scheint noch schlanker als die Statue in New York und sehr ähnlicher Umrißführung gewesen zu sein. Der Fundort von zweien der Fragmente in unmittelbarer Nähe der großen Nekropole vor den Toren Athens legt auch für die ›Dipylonstatue‹ die Bestimmung als Grabmal nahe. Es würde sich, wenn diese Deutung zutrifft, um ein gewaltiges Grabzeichen gehandelt haben; durch dieses ungeheure Zeichen wäre das Abbild eines Verstorbenen vom Bildhauer ins Überpersönliche, ins rein Gesetzmäßige gesteigert worden. Man hat sich gewöhnt, diesen anonymen Bildhauer den ›*Dipylonmeister*‹ zu nennen. Doch ist uns aus der reifen Schaffenszeit des Dipylonmeisters auch bereits die Signatur eines Bildhauers auf der Basis seiner Statue erhalten. Diese Basis wurde auf Delos aufgedeckt und nennt den Namen des Euthykartides, der nicht nur der Künstler, sondern zugleich auch der Stifter der Statue war, die ehemals auf der Basis stand und von der Unterkörper, Beine und Füße noch erhalten sind. Ihre Inschrift läßt die Frage nach den Signaturen überhaupt stellen. So gewiß

Künstlersignaturen

Fig. 12 – Thermos, Apollontempel (H. Berve–G. Gruben, Griechische Tempel und Heiligtümer 113 Abb. 3)

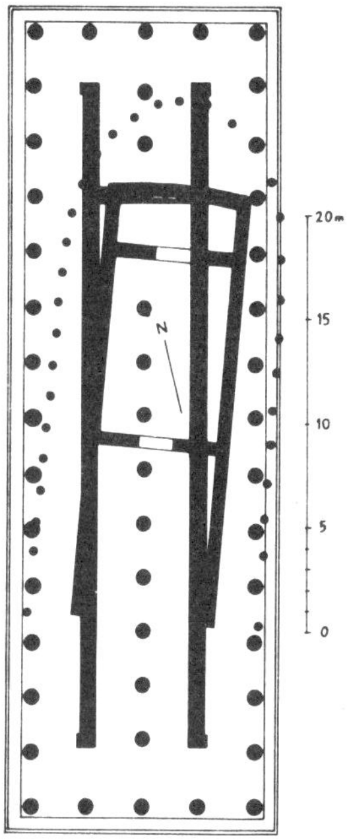

ARCHITEKTUR

diese Signaturen ein Gradmesser für das allmählich den Menschen zuwachsende Bewußtsein ihrer Individualität, ja in dem besonderen Falle ihrer individuellen Künstlerpersönlichkeit sind, bleibt es doch merkwürdig, daß die ältesten uns bekannten Signaturen uns keineswegs immer die Namen der stärksten und selbständigsten Künstlerpersönlichkeiten erhalten haben und daß auch späterhin die Künstler ihre Werke zwar häufig genug signieren, aber einmal keineswegs immer und zweitens durchaus nicht immer ihre besten Werke. Die Signaturen beginnen zuerst auf den Vasen, aber bezeichnenderweise nicht auf Meisterwerken der wichtigen keramischen Produktionszentren, sondern eher im griechischen Hinterland oder auf dem italischen Kolonialboden, also an der Peripherie, häufig handelt es sich auch um kleine und verhältnismäßig kunstlose Gefäße. Die meisten Signaturen sind uns aus den Jahrzehnten vor und nach 500 v. Chr. erhalten und zwar von Bildhauern, Töpfern und Vasenmalern. Signaturen von Baumeistern und Architekten – wofür es aus der ägyptischen Kunst ein Beispiel, wenn auch in leichter Verschlüsselung gibt – sind uns inschriftlich aus der griechischen Kunst nicht erhalten. Wir wollen dennoch von dem Gipfelpunkt aus, den wir bei der Darstellung der Geschichte der griechischen Plastik erreicht haben und nachdem wir bereits einen Blick auf die gleichzeitige Vasenkunst geworfen haben, nach der Entwicklung fragen, die die Baukunst inzwischen vollzogen hat. Die geschichtlich wichtigen Phasen der Architektur können in diesem Zeitpunkt am besten an Beispielen der dorischen Bauordnung abgelesen werden. Hinzu kommt, daß gerade am Tempel dorischer Ordnung Plastik und Architektur eine enge Verbindung eingehen. Denn die Gesetze der Reliefkomposition, wie sie auf den Metopen und in den Giebeln in Erscheinung treten, bestimmen zu ihrem Teil und befruchten auch die Prinzipien des architektonischen Aufbaus. Schließlich ist es auch

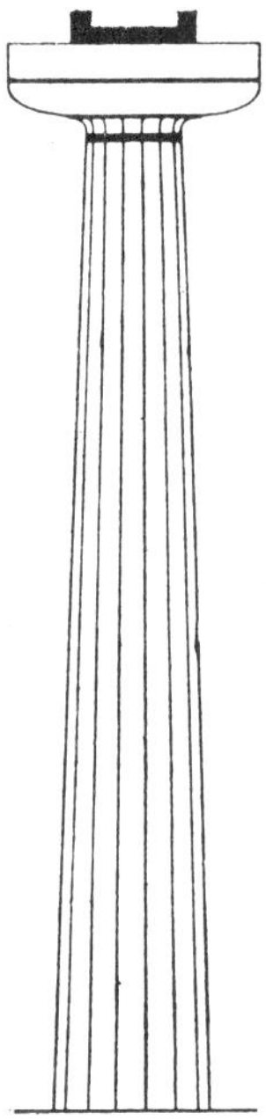

Fig. 13 – Rekonstruierte Säule des ältesten Tempels der Athena Pronaia, Kalkstein. Zweite Hälfte des 7. Jahrhunderts v. Chr. Delphi, Marmaria

nicht von ungefähr, daß die korinthische Kunst, deren feines, miniaturhaftes Wesen oben charakterisiert wurde, nur in der Architektur zu auch in den äußeren Abmessungen großen, monumentalen Formen gelangte. So entstanden etwa um 620 v. Chr. die gemalten Metopen von Thermos, etwa um 590 v. Chr. die Reliefgiebel von Kerkyra.

Der Apollon-Tempel von Thermos hat eine lange Geschichte und in Resten sind die Grundrisse mehrerer seiner Bauphasen erhalten. In der ältesten Phase wurde offenbar ein Fürstenhaus prähistorischer Zeit zum Tempel umgebaut, in einer zweiten Phase wurde wie beim Hera-Tempel auf Samos eine äußere Stützenstellung, ein ›Säulenkranz‹ hinzugefügt. Die entscheidende Veränderung geschieht aber in der zweiten Hälfte des 7. Jahrhunderts als in Thermos ein streng symmetrischer zweischiffiger Tempel mit einer Peristasis errichtet wird, deren 5 zu 15 Säulen nicht mehr einzeln fundamentiert werden, sondern auf einem durchlaufenden Fundament mit einer Ausgleichs- und Abdeckschicht, dem Stylobat, stehen. Die langgestreckten, zartgliedrigen Proportionen des Grundrisses lassen sich unmittelbar mit der schlanken Gestalt des Dipylon-Kuros vergleichen. Vom Aufbau und vom Dach ist so gut wie nichts erhalten. Aber schon den Grundrißformen, dem unteren Säulendurchmesser und dem Säulenabstand ist zu entnehmen, daß auch die Säule selbst in ihren Verhältnissen außerordentlich schlank gewesen sein muß. Holz ist als das für diesen Bau Konstruktion und Stil bestimmende Material anzunehmen, wenngleich einzelne seiner Teile, wie etwa die vermutlich weit über den schmalen oberen Durchmesser der Säulen hervorragenden Kapitelle, aus Stein gewesen sein mögen. Aitolien, die Landschaft, in der Thermos sich befindet, ist sehr abgelegen. In anderen Gegenden Griechenlands war damals der Holzbau bereits durch den Steinbau abgelöst. Aber
FIG. 13 die altertümlichen Säulen dorischer Tempel, die wir kennen, in Delphi und in der Argolis, beweisen mit ihrer grazilen Schlankheit,

daß ihre Form anfänglich in Holz konzipiert war. Gleiche Formgebung kann man für den Bauzustand des Tempels in Thermos annehmen, der nach dem Stil der zugehörigen Metopen um 620 v. Chr. ausgeführt wurde. Die Tonmetopen sind in der gleichen Technik gebrannt und bemalt wie die korinthischen Vasen. Auch die figürlichen Darstellungen und die Ornamente lassen keinen Zweifel daran, daß sie dem korinthischen Kunstkreis angehören. Auffällig ist die monumentale Ruhe der mythologischen Bilder. Keine Spur von Drastik findet sich in der Wiedergabe. Eine grausige Sage wird nur durch das schicksalschwere Nebeneinander der drei Hauptpersonen erzählt. Allerdings waren ursprünglich diesen Personen auch ihre Namen noch beigeschrieben; heute sind die meisten Buchstaben zerstört, nur der eine Name, *Chelidfon,* ist erhalten. Die Sagenversion, zu der er gehört, wurde vielleicht in Phokis, in der Landschaft, in der auch Delphi liegt, überliefert. Aëdon, die Gemahlin des Tereus, hat ihren Sohn Itys getötet. Durch diese Tat, bei der ihre Schwester Chelidon ihr Hilfe geleistet hat, versuchen die beiden Frauen sich an Tereus zu rächen. Denn dieser hatte Chelidon vergewaltigt und ihr, damit sie ihn nicht beschuldigen konnte, die Zunge herausgerissen. Trotzdem erfährt Aëdon von dem Verbrechen und den Namen des Verbrechers. Den zerstückelten Leichnam des Itys setzen die Schwestern dem Tereus zum Mahle vor. Tereus tötet sich mit eigner Hand. Durch ein Wunder werden die Frauen in Nachtigall und Schwalbe verwandelt. Das ist die Sage, die in verschiedenen Gegenden Griechenlands sehr verschieden erzählt und die auch von den Dichtern der Tragödie später behandelt wurde. Dem entsetzlichen, handlungsreichen Geschehen gegenüber ist die Darstellung auf der Metope großartig zurückhaltend. Zwischen den Frauen, auf ihren Knien, liegt die Leiche des Itys. Das Original der Tonplatte läßt das nach oben gerichtete Gesicht des Knaben im Schoße der Chelidon gerade noch erkennen. An dem guterhaltenen Kopf der Chelidon wird jedoch auch in der Reproduktion die einfache, großgesinnte, monumentale Formensprache sichtbar.

ABB. 8

Der Tempel von Thermos hatte ein flaches Firstdach. Ob er an den beiden Schmalseiten mit Giebeln ausgeziert war, ist nicht mit Ge-

wißheit nachzuweisen. Doch hat die Annahme, daß diese kanonische Dachform des dorischen Tempels in den letzten Jahrzehnten des 7. Jahrhunderts bereits ausgebildet war, die Wahrscheinlichkeit für sich. Man wird sich hier der Unsicherheit erinnern, die in bezug auf das Dach schon bei dem Heraion von Samos zu bekennen war. Nur können wir in dem Entwicklungsstadium, in dem wir uns jetzt befinden, für den Tempel von Thermos ein völlig flaches Dach mit einer Erdaufschüttung ebenso ausschließen wie das Steildach,
FIG. 14 das kleine Ton-Votive in Tempelform aus spätgeometrischer Zeit zeigen und das möglicherweise auf einigen absonderlichen Tempelgrundrissen Kretas auch im 7. Jahrhundert noch rekonstruiert wer-

Fig. 14 – Rekonstruktion nach einem Tempelmodell aus Perachora, Terrakotta. Um 700 v. Chr. Athen, Nationalmuseum (H. Payne, Perachora I Taf. 9b)

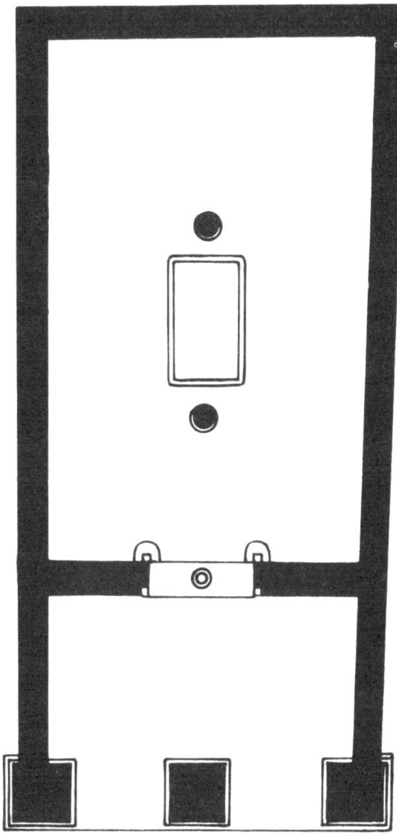

Fig. 15 – Prinias auf Kreta, Tempel A. Zweite Hälfte des 7. Jahrhunderts v. Chr. (Annuario della Scuola Arch. di Atene 1, 1914, 78 Abb. 43)

den kann (Dreros und Tempel A in Prinias). Es ergab sich nun schon bei anderer Gelegenheit, daß Kreta im 7. Jahrhundert, weit entfernt davon eine in besonderem Maße führende Rolle zu spielen, eine Bewahrerin altüberkommenen Formengutes war. Wenn dort in der Architektur und gerade am Tempel A von Prinias kühne FIG. 15 Versuche gemacht wurden, Relieffriese und sogar symmetrisch angeordnete Sitzstatuen in einmaliger Weise in den architektonischen Verband einzubeziehen – zur Ausbildung der kanonischen Tempelform der jonischen und der dorischen Ordnung hat Kreta sicher nichts beigesteuert.

Für das politische Bild ganz Griechenlands ist in dieser Zeit die

Verhältnis der Kunst zur Politik

Emanzipation des Adels aus der Gesamtheit der übrigen Bevölkerung und die Konzentration von Macht in den Händen einiger weniger, die nicht selten zur Tyrannis führte, charakteristisch. Auch die Kunst ist nur unter dieser Voraussetzung zu verstehen. Die riesenhaften Standbilder, deren Formgebung manchmal schon den Bereich der Hybris berührt, spiegeln etwas davon wieder. Allerdings war in dieser Zeit, während auf vielen Inseln und in der Peloponnes die Tyrannen herrschten, in Athen noch kein Tyrann erfolgreich gewesen. Doch hat es an dem Versuch nicht gefehlt: die Verfassungsgeschichte weiß von dem Attiker *Kylon,* der nach 640 v. Chr. einen Staatsstreich geplant hat, aber damit gescheitert ist. Man wird annehmen dürfen, daß im Grunde die ökonomische, politische und militärische Situation doch in den Städten damals ähnlich war, gleichgültig, ob in dem einen Fall ein Usurpator dort eine Tyrannis errichtet hatte, in dem anderen Fall eine einflußreiche Adelsfamilie oder Gruppe das Heft in der Hand hielt. Für die größeren Bauunternehmungen gilt zu allen Zeiten, daß sie sich nur durchführen lassen durch Konzentration von Geld und Willenskraft in einem einzigen Punkte. Beweise dafür liefern in der griechischen Baugeschichte vor allem die Großbauten der jonischen Tyrannen, etwa eines Polykrates, oder das Bauprogramm des Perikles. Zu so umfangreichen und kostspieligen Unternehmungen ist es freilich im 7. Jahrhundert noch nicht gekommen. Aber es bieten sich hier doch, wenn auch in kleinerem Maßstab, vergleichbare Beispiele.

III. VOLLENDUNG: REIFEZEIT (etwa 620–550 v. Chr.)

Wenn man mit einem einzigen Worte bezeichnen wollte, was der archaischen Kunst der Griechen nach der revolutionären Auflockerung im 7. Jahrhundert und nach den großen Errungenschaften besonders in der zweiten Hälfte dieses Zeitraums noch zur Vollendung fehlte, würde man vielleicht von ›Substanz‹ sprechen können. Substanz in einem weiten, jedoch gerade auch auf die bestimmte geschichtliche Situation zugeschnittenen Sinn verstanden. Es ist damit in der Plastik, bei der Säule, beim ganzen Bauwerk etwa nicht nur die Masse gemeint, das ›Volumen‹, von dem oben schon hier und da die Rede war. Es soll auch nicht damit gesagt sein, daß im 7. Jahrhundert die künstlerischen Konzeptionen und ihre Verwirklichung im Formalen steckengeblieben seien, keinen Inhalt und keinen Ernst besessen hätten. Das Gegenteil ist der Fall. Sondern es soll damit angedeutet werden, daß erst in den Jahren um 600 v. Chr. Bilder, Statuen und Tempel eine gewisse Schwere bekommen, die zwar mit dem Material und der Masse zu tun hat, die aber vor allem das Kunstwerk fest in der Welt der tastbaren Körper verankert und ihm durch völlige Entsprechung von Absicht und Ausführung den Ausdruck glückhafter Ruhe verleiht. Erst im 6. Jahrhundert stellt sich eine reine Harmonie zwischen Inhalt und Form her. Spannungen, die für Rhythmus und Komposition der Schöpfungen des 7. Jahrhunderts eigentlich das Wesentliche waren, sind jetzt völlig ausgeglichen. Vielleicht ist die einzelne künstlerische Leistung dadurch weniger reizvoll. Die Erschütterung, die das Nachvollziehen einer Intuition des 7. Jahrhunderts hervorrufen kann, wird sich vor einem Bild, vor einer Statue des 6. Jahrhunderts kaum einstellen. Wenn jedoch auf dieses Phänomen nur die allgemeine Formel einer Verbürgerlichung des Zeitalters angewandt wird, trifft solche Aussage zwar einen kleinen Teil, aber keineswegs das Ganze der Wahrheit.

Tierdarstellungen

Merkwürdigerweise läßt sich dieses In-sich-Beruhen des Kunstwerks bereits an einigen Erscheinungen feststellen, die dem mitt-

leren 7. Jahrhundert angehören und die zudem fast miniaturhaft
ABB. 23 klein sind. Daß die plastische Ente aus Ton, eine kleine Vase von 8,4 cm Länge im Besitz des Berliner Pergamon-Museums, dem korinthischen Kunstbereich zugehört, läßt sich jetzt aufgrund des Gesagten schon vermuten und wird durch die Ornamentik und die Tonqualität bestätigt. Tatsächlich haben sich auf die Prägnanz der korinthischen Formensprache, auf die plastische und gedankliche Substanz der korinthischen Kunst diejenigen berufen, die die Entstehung der griechischen Großplastik in der nordöstlichen Peloponnes lokalisieren wollten. Im Gegensatz zu dieser Hypothese ist oben allerdings bereits gezeigt worden, daß die korinthische Kunst eine Entsprechung von äußerer und innerer Größe – und damit Monumentalität – zunächst nur im Rahmen der Architektur und erst zu einem Zeitpunkt gewinnt, als auch die Formen der dorischen Bauordnung sich zum monumentalen Stil, d. h. vom Holzbau zum
ABB. 8 Steinbau entwickelt haben. Zwei Beispiele dafür waren schon genannt worden: die Tonmetopen von Thermos und die steinernen Giebel von Kerkyra. Es bleibt noch übrig, auf diese Giebel näher einzugehen. Aber zunächst soll die Entwicklung, wie sie sich in Korinth von der kleinplatischen Phase der Enten-Vase zur großplastischen Phase des Giebels von Kerkyra vollzogen hat, noch an einem anderen Beispiel illustriert werden.

Auch hierbei wird man es nicht für einen Zufall halten, daß das, was wir ›Substanz‹ genannt haben, die restlose Durchdringung der plastischen Masse mit der schöpferischen Formkraft, sich zuerst in ganz einfachen, aber meisterhaft beobachteten Tierdarstellungen zeigt. So haben die protokorinthischen Töpfer Eule, Ente, Käuzchen, Taube, Igel und Rebhuhn gestaltet; um nur einige der Tiere zu nennen, die als Themen für plastische Vasen gedient haben. Es

ABB. 25 – Kuros. Um 600 v. Chr. Marmor. *Höhe 3,05 m, (Restauriert, vielleicht ehemals größer). Aus Sunion (Attika). Athen, Nationalmuseum*

ABB. 26 – Kopf einer Terrakottasphinx von Kalydon. 580–570 v. Chr. *Athen, Nationalmuseum. Vgl. S. 89, 103*

25

27

28

29

30

sind sämtlich Haustiere oder doch solche, die in der Nähe des Menschen leben und ihm gut vertraut sind. Als viel schwieriger wurde, sicher auch infolge psychologischer und religiöser Hemmnisse, die Wiedergabe des Menschen selbst und der dämonischen Mischwesen empfunden. Daher bedurfte der Künstler der orientalisierenden Zeit zur Wiedergabe eines Menschen, einer Sphinx, einer Sirene oder eines Kentauren eines gewissen Überschusses an Schöpferkraft, an Vergeistigung, deren Spuren auch im Endzustand des Kunstwerkes noch sichtbar geblieben sind. So erklärt sich die geheimnisvoll dämonische Gewalt auch der großplastischen Skulpturen des 7. Jahrhunderts. Daher wird es auch vollkommen verständlich, daß der Kopf vom Dipylon, bevor noch übrige Teile der Kuros-Statue gefunden waren, für den Kopf eines solchen dämonischen Wesens, nämlich für den Kopf einer Sphinx gehalten wurde. In dieser Hinsicht tritt nun mit den Jahren um 600 v. Chr. ein Wandel ein. Es ist die Veränderung von der geistgeprägten Form des Dipylon-Kuros zur stofflich festen Substanz der von einem argivischen Bildhauer gemeißelten Statuen in Delphi, die die Brüder Kleobis und Biton darstellen. Durch diesen Wandel wird es nun auch möglich, daß jene in sich beruhigte, vollkommene Form der kleinen Enten-Vase, die nicht länger als ein Finger ist, zu der für das Tierbild monumentalen Größe eines Kalkstein-Löwen in Kerkyra aufsteigt. Das schwere, massige Tier war mit seiner 122 cm langen Basis-Platte ursprünglich so auf einem Grabbau aufgestellt,

ABB. 22

ABB. 23

ABB. 24

ABB. 27 – Ornithe, Marmorstatue aus der Votivgruppe des Bildhauers Geneleos im Heraion von Samos. Um 560 v. Chr. *Höhe 1,68 m. Berlin, Pergamonmuseum. Vgl. S. 98, 100, 139*

ABB. 28 – Kore. Kykladisch, um 510 v. Chr. Marmor. *Höhe 1,43 m. Aus Delos. Athen, Nationalmuseum*

ABB. 29 – Dreileibige Gestalt aus einem Porosgiebel von der Akropolis. Um 570 v. Chr. *Länge 3,25 m. Athen, Akropolismuseum. Vgl. S. 97, 103*

ABB. 30 – Diskusträger, Fragment eines Grabreliefs, Marmor. 560–550 v. Chr. *Höhe 34 cm. Athen, Nationalmuseum. Vgl. S. 106*

beziehungsweise so in die Aufschüttung eines großen Grabhügels eingelassen, daß die Kante der Basis-Platte nicht sichtbar war. Dort lag der Löwe als mächtiger Grabwächter. Seine Umrißführung und die Stilisierung des Körpers, der Schenkel, der Pranken und einiger Einzelheiten des Kopfes beweisen im Vergleich mit Vasenbildern, daß auch der Löwe korinthisch ist. Tatsächlich hat er auch gerade jene Qualitäten, die uns an den älteren korinthischen Kunstwerken aufgefallen waren, jetzt jedoch gesteigert in die auch äußerlich großen Dimensionen. Bei dieser Vergrößerung mag eine Rolle spielen, daß auch der Löwe in bestimmter Weise mit einem architektonischen Gebilde verbunden war, nämlich mit dem von Menschenhand errichteten Grab, das er bekrönte. Jedenfalls wird von der Entwicklungsstufe, die die korinthische Plastik mit dieser Figur erreicht hat, erst die Bedeutung verständlich, die das ein wenig jüngere, aber für unsere Kenntnis älteste monumentale Giebelrelief besitzt.

Es handelt sich um das Relief, das sich an der Rückseite des Artemis-Tempels von Kerkyra befand, also um den Westgiebel dieses Tempels. Vom Giebel der Eingangsseite sind nur verhältnismäßig geringe Reste erhalten, die zeigen, daß das Thema des Frontgiebels wahrscheinlich dem der Rückseite gleich oder jedenfalls sehr ähnlich war. Dagegen ist der Westgiebel außerordentlich gut, zumindest so vollständig erhalten, daß die Komposition in allen ihren Teilen deutlich ist. Der etwa 25 m breite Giebel besteht aus fünf in ihrer Breitenausdehnung jeweils gleichen, in ihrer Thematik sehr verschiedenen Abschnitten. Die ihrem Inhalt nach ältesten, traditionsreichsten Bestandteile befinden sich in der Mitte, wo auch die Höhenausdehnung des Giebelrahmens ihnen größere Bedeutung sichert; die neueren, moderneren Szenen sind in die Außenecken gedrängt, beziehungsweise treten dort zunächst noch recht schüchtern zum ersten Male auf. Die mittlere Darstellung ist ein großes mythisches Bild. Dort erscheint die Medusa, eine der drei verschwisterten weiblichen Schreckdämonen, der Gorgonen. Links und rechts ist sie begleitet von ihren Kindern, dem Flügelroß Pegasos und dem menschengestaltigen Chrysaor. Nach der literarisch überlieferten Sage erfolgt die Geburt dieser Zwillingskinder erst im

Mythische Bilder

Augenblick des Todes ihrer Mutter: Als Perseus mit seinem Sichelschwert die Medusa enthauptet, treten mit dem Blutstrom, der aus dem Hals-Stumpf hervorschießt die beiden Zwillinge ins Leben. In der Reliefdarstellung sitzt der Kopf der Gorgo jedoch noch fest auf den Schultern. Perseus erscheint in diesem Giebel nicht. Und es wird vom Künstler überhaupt nicht eine Sagenversion gleichsam im Bilde erzählt, sondern es soll das Schreckensantlitz zusammen mit der ganzen Schreckensgestalt der Dämonen gezeigt werden, umzüngelt von Schlangen, geflügelt und mit dem aus zwei Schlangen verknoteten Gürtel versehen. Zu diesem mythischen Gesamtbild gehören die Kinder charakterisierend hinzu; sie sind in viel kleinerem Maßstab gegeben, als ein Attribut der zentralen dämonischen Gestalt. Ähnliche dämonische Kräfte wie die Mittelgruppe vertreten auch die Raubtiere, die rechts und links von der Mittelgruppe gelagert sind. Auf den Vasenbildern der orientalisierenden Periode wurden vor allem zwei verschiedene Typen von Raubtieren unterschieden: eine mit dem Kopf in Profilansicht, manchmal noch durch zoologische Details als Löwe charakterisiert, und eine mit dem herausgedrehten Kopf in Vorderansicht, die man eher als Panther bezeichnen wird. Zu diesem letzten Typus gehören die Tiere des Giebels. Doch hat vielleicht der in Vorderansicht gezeigte Kopf hier die zusätzliche Aufgabe, den abschreckenden, magisch apotropäischen Charakter der Gorgo zu verstärken. Wozu aber diese apotropäischen Zeichen am Tempelbau? Sie folgen dort einer alten Tradition. Das Gorgoneion, die schreckenerregende und übelabwehrende Kraft der Gorgomaske, der versteinernde Blick der Medusa wurde nicht nur auf Schilden, an der Ägis Athenas und auf Festungsmauern angebracht, sondern auch die Stirnfläche des Firstbalkens der älteren Tempel wurde offenbar durch ein Gorgoneion geschützt. Dadurch, daß die Gestalt der Gorgo auf dem Giebel an der Stelle, an der die ansteigenden Geisa im stumpfen Winkel zusammenstoßen, den durch das Geison gebildeten Giebelrahmen überschneidet, sitzt der Kopf auch hier vor der Stirnfläche des Firstbalkens. Eine technische Notwendigkeit dafür besteht nicht. Es werden vielmehr bewußt Vorstellungen altüberkommenen Glaubens hier aufgenommen und in eine großartige Komposition ein-

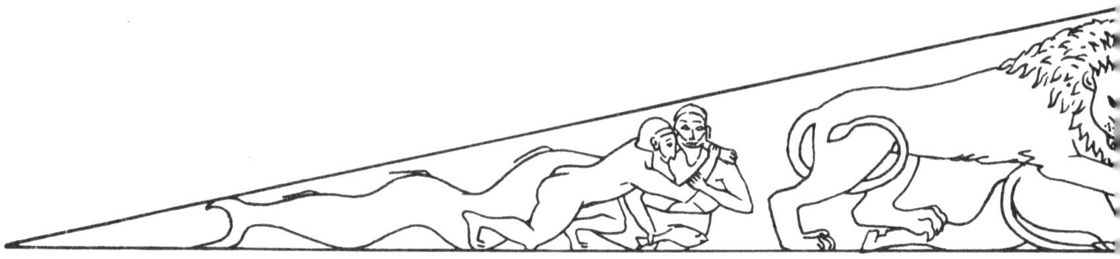

Fig. 16 – Poros-Giebel von der Akropolis, Athen. Um 570 v. Chr.

gefügt. Diese Komposition ist schließlich auch deswegen noch besonders sinnvoll, weil die Gorgo, genau wie auch andere göttliche und dämonische Wesen, von den frühen Griechen als Herrin der Tiere aufgefaßt worden ist.

Von anderem Geiste zeugen die Darstellungen, die in den niederen Ecken des Giebels angebracht sind, und die auch thematisch aus ABB. 8 einer anderen Welt stammen. Hier werden Sagen erzählt. Die Erzählung, weitaus drastischer vorgetragen als die Itys-Sage auf der Metope von Thermos, kündet auch von anderen Absichten des Künstlers, als sie die Mittelgruppe verraten hat. Dort das symbolträchtige, heraldisch komponierte Mythen-Bild. Hier die Lust am Geschehen, die Lust das Geschehen lebhaft und deutlich zu berichten, mithin die Freude am Erzählen in seiner ursprünglichen Bedeutung. Im weiteren Verlauf des 6. Jahrhunderts wird diese Erzählerfreude die meisten mythologischen Darstellungen bestimmen. Aber auf den Giebelreliefs bleibt die Unterscheidung zwischen mythisch-religiös verstandener Mittelfigur und einem Sagen-Geschehen, das sich um diese Mitte abspielt, noch lange erhalten. Noch die Epiphanie Apollons im Westgiebel des Zeus-Tempels von Olympia befindet sich typologisch eindeutig in dieser Tradition.

Erzählende Bilder

Monumentalisierung der korinthischen Kunstformen

Mit diesem Giebel ist nach den Metopen von Thermos der zweite Beweis dafür gegeben, daß die korinthische Kunst sich in und mit der Architektur am Ende eines langen Weges auch die monumentale Form erobert hat. Wir können diesen Weg noch weiter verfolgen,

(W. H. Schuchhardt, Archaische Giebelkompositionen Abb. 3)

über den Artemis-Tempel von Kerkyra hinaus. Er ist jedoch jetzt nicht nur für die korinthische Kunst bezeichnend, sondern das, was korinthische Künstler für die Gestaltung des Tierbildes, für die Giebelkomposition, für die ›Substanz‹, für den Ewigkeitswert der Plastik getan haben, greift im Verlaufe des 6. Jahrhunderts auf ganz Griechenland über. Umgekehrt erfährt es auch Einflüsse aus anderen Quellen, vor allem von der attischen Bildhauertradition her. Ein bemerkenswertes Beispiel dafür ist die Sphinx von Kalydon. ABB. 26
Kalydon ist wie Thermos eine aitolische Stadt, die auch ebenso sehr im künstlerischen Einflußbereich Korinths liegt. Die Sphinx, aus Terrakotta gebildet, war als Seitenakroter auf einem Firstdach verwendet. Bei ihr zeigt sich in den Körperformen, vor allem aber in der Gestaltung des Gesichtes die strenge korinthische Struktur. Nur in Einzelheiten, wie z. B. in der Bildung der flach geschnittenen, übergroßen Augen, verrät sich, daß dem Künstler attische Köpfe des 7. Jahrhunderts bekannt waren und daß er deren eindrucksvolle Vergeistigung als Vorbild für sein Werk gewählt hat. Das ist um so beachtlicher, als Athen selbst seiner eigenen Gesinnung im neuen Jahrhundert nicht in gleichem Maße die Treue wahrt. Ursache dafür sind politische und wirtschaftliche Faktoren, die mit dem Reformwerk des Solon zusammenhängen und die zunächst natürlich das Bild der Stadt verändert haben, in der Solon aufgetreten ist, auftreten mußte aufgrund der Mißstände, die sich in diesem Agrarstaat gebildet hatten.

Einfluß Attikas

SOLON

Solon war in Athen nicht der erste Reformer. Eine Generation vor ihm hatte Drakon das geltende Recht schriftlich festgelegt und damit Rechtssicherheit geschaffen. Die Aufzeichnungen betrafen sicher Schwerverbrechen, wie Mord und Totschlag; aber auch andere Rechtssätze wurden damals kodefiziert. Selbst wenn dabei verfassungsrechtliche Bestimmungen einbezogen worden sein sollten, besteht die Bedeutung Drakons in seiner Gesetzesreform. Die sozialen Zustände, die er in Attika antraf, verlangten jedoch noch andere Reformen. Sie waren dadurch unerträglich geworden, daß der Bauer mit kleinem Besitz bei Verschuldung in Schuldknechtschaft geriet und schließlich das Eigentumsrecht an seinem Land verlor. Dieser und andere Mißstände im sozialen Gefüge konnten durch gesetzliche Bestimmungen wohl gemildert, aber nicht an ihrer Wurzel angegriffen werden. Das wurde erst durch das Verfassungs- und Gesetzwerk des attischen Adligen Solon möglich, der 594 v. Chr. von den mehr oder weniger organisierten politischen Gegnern, die einander befehdeten, zum Schlichter gewählt und mit sehr umfangreichen Vollmachten ausgestattet wurde. Möglich, daß die sozialen Zustände in Attika besonders unbefriedigend waren. Schon hundert Jahre vorher hatte sich etwa Sparta durch die Bestimmung, daß jährlich mindestens einmal die legislative Vollversammlung aller Spartiaten einberufen werden mußte, in einem für einen Adelsstaat erstaunlichem Maße demokratisiert. Für die führende Rolle, die Attika weiterhin in kultureller und politischer Hinsicht einnahm, ist jedoch bezeichnend, daß das Heilmittel für die unerfreuliche Lage vom richtigen Mann gefunden wurde. Einer der Gründe für die Dauer der Solonischen Reformen war die gleichzeitige Neuordnung des Münz- und Gewichtswesens. Sie hat mittelbar mit der Kunstgeschichte auch insofern zu tun, als Solon damals die ersten Vierdrachmen-Stücke mit dem Bild der Eule prägen ließ. Ohne die Münz- und Gewichtsreform wäre auch der weitere wirtschaftliche Aufschwung Athens nicht denkbar. Die gute Qualität der attischen Erzeugnisse war nur *eine* Voraussetzung für den weltweiten Handel, der sich jetzt anspann. Die andere war der Wert, sowie die leichte Wechselbarkeit und Rechenbarkeit der attischen Münze, die sich erst jetzt nach dem damals in der ganzen griechi-

Wesen und Wirkung der solonischen Reformen

schen Welt bereits eingeführten euböischen Münzfuß richtete. Auch die Aufhebung der Schuldknechtschaft und damit die Sicherung des kleinbäuerlichen Besitzes in dem attischen Agrarstaat war nur eine weitere Voraussetzung für die gesetzgeberische und Verfassungsreform. Sie gipfelte in der Neuordnung von vier Ständen, die nach den Jahreserträgen ihres Einkommens abgestuft wurden. Diese Stände hatten verschiedene politische Rechte und militärische Pflichten. Anstelle des Vorrechtes der Geburt trat jetzt das Vorrecht des Besitzes. So grundsätzlich diese Änderung auf den ersten Blick erscheint, so viel Tradition ist doch auch in der Neuordnung enthalten. Denn der dauerhafteste Besitz war nach wie vor das Landeigentum. Wenn also im Grundsätzlichen durch die Verfassung Solons hier nicht das Unterste zu oberst gekehrt wurde, bedeutete sie andererseits eine ungeheuere Verfestigung des staatlichen Gefüges. Wenn Solon im 4. Jahrhundert v. Chr. den Griechen selber als einer der Begründer oder Vorläufer der Demokratie erschien, ist auch daran etwas Richtiges. Die Tendenz zur Tyrannis allerdings wurde durch die Verfassung Solons noch nicht gebrochen. Im Jahre 582 v. Chr. führte ein Staatsstreich für mehr als zwei Jahre diese Staatsform erstmals in Athen ein, wenn auch nicht für die Dauer. In dieser Hinsicht hatte erst Peisistratos im Jahre 561 v. Chr. Erfolg. Zunächst muß uns aber die Zeit des Solon selbst und die Jahrzehnte, die auf seine Reform folgten, beschäftigen. Wenn bei der Betrachtung der Entwicklung in dieser Epoche Athen im Mittelpunkt steht, hat das seinen guten Grund. Vom Blickpunkt der keramischen Erzeugnisse her ist etwa festzustellen, daß nahezu alle Produktionszentren an Kapazität abnehmen und schließlich im Verlaufe des 6. Jahrhunderts ihre Produktion einstellen, mit Ausnahme einzig und allein der attischen. Während des 6. Jahrhunderts sind daneben nur noch Lakonien mit mehreren großen Werkstätten und Chalkis rühmlich hervorzuheben. Bei vereinzelten hervorragenden Leistungen geht die Bedeutung auch der ostgriechischen Werkstätten insgesamt stark zurück. Seit dem vorletzten Jahrzehnt des 6. Jahrhunderts beherrscht dann Athen allein den Markt. Auch die Nachfrage aus dem hauptsächlichen Exportgebiet, den Städten Etruriens und Mittelitaliens, scheint sich auf die Erzeugnisse Athens konzentriert zu haben. Das ist nur ein Symptom. Ein weiteres, das den Vorrang Athens in kultureller Hinsicht mitbestimmt hat, war die Einrichtung des Festes der Großen Panathenäen mit ihren musischen und gymnastischen Wettkämpfen.

Attische Kunst am Anfang des 6. Jahrhunderts

Die Töpferkunst, die Vasenmalerei, die Plastik und die Architektur bleiben in der monumentalen Sphäre und behalten die Substanz, die die Korinther für die griechische Kunst erobert hatten. Gegenüber den schlanken, gedanklich und geometrisch geordneten Formen des 7. Jahrhunderts wird gerade die attische Kunst aber seit und durch Solons Reform bürgerlicher. Die tragende Schicht in der Bevölkerung ist offensichtlich erheblich breiter geworden. In diesem Zusammenhang mag erwähnt werden, daß die öffentliche Ausstellung der Gesetzestexte Solons voraussetzt, daß der größte Teil der Bevölkerung Athens lesen konnte. Auch das Verständnis der epischen und Liedvorträge beim Panathenäenfest wird in der gesamten Bürgerschaft verbreitet gewesen sein. Auf der Burg von Athen entstanden damals neue Tempel und der Haupttempel der Stadtgöttin wurde vergrößert. Ein Giebel dieses Tempels läßt sich aus erhaltenen Fragmenten rekonstruieren. Ein Vergleich mit dem Giebel von Kerkyra läßt nicht nur eine Milderung in allen Ausdrucksformen, sondern vor allem die größere Bedeutung erkennen, die das Sagen-Element in der Gesamtheit der Komposition erlangt hat. Der Giebel zerfällt in drei nahezu gleich breite Abschnitte. Das dämonische Element ist aus der Mittelgruppe verschwunden. In einer Tierkampfgruppe sind die Gestalten des alten Tierfrieses jetzt zu einem Handlungsbild zusammengefügt worden. Schon in diesem zentralen Motiv hat der jüngere Giebel stärker erzählenden Charakter. Diese Tendenz kommt in den beiden äußeren Giebelabschnitten zum völligen Durchbruch. Links ist ein Ringkampf von

FIG. 16

ABB. 31 – Kopf eines Reiters, Marmor. 560–550 v. Chr. *Höhe 21 cm. Paris. Louvre. Vgl. S. 103*

ABB. 32 – Kalydonische Eberjagd. Wagenrennen bei den Leichenspielen zu Ehren von Patroklos. Halsbilder eines Volutenkraters mit den Signaturen des Klitias und Ergotimos. 570–560 v. Chr. *Gefäßhöhe 66 cm. Florenz, Archäologisches Museum. Vgl. S. 110 f.*

31

PELEVS
MELEAΛPOS
OPMENOS
ΡΟΡΑΤΣ
ΕΛΕΡΤΕΣ
ΔΙΟΜΕΔΕΣ
ΑVΤΟΜΕΔΟΝ
ΚΑLΙΟΠΕ

33

Herakles und Triton, rechts wahrscheinlich die Begegnung von Zeus – eine Figur, die vielleicht im sogenannten Knielaufschema dargestellt war und von der nur ganz links ein kleiner Teil des Mantels erhalten ist – mit dem schlangenfüßigen Wind- und Feuerdämon Typhon dargestellt. In unserem Zusammenhang ist besonders die Komposition der letztgenannten Gestalt hervorzuheben. ABB. 29
Der Künstler hat ihr drei menschliche Oberkörper gegeben, die in miteinander verwachsene, kräftige Schlangen endigen. Jeder der drei Körper ist mit einem besonderen Attribut ausgerüstet, das jeweils von der linken Hand gehalten wird. Feuerbrand, Wasserwelle und Vogel symbolisieren drei Bereiche, in denen Typhon mächtig ist. Wenn man die Erdnatur der Schlangen hinzunimmt, ist man versucht, hier eine bildliche Darstellung der Vierelementenlehre zu erkennen. In der damaligen Naturkunde findet sich von einer Vierzahl der Elemente jedoch keine Spur. Die Eroberung des Raumes und die psychische Ausdrucksfähigkeit, die sich in den drei Körpern und ihren Köpfen manifestiert, sind wichtiger. Entgegen der streng orthogonalen Ausrichtung der Bewegungsachsen in der älteren archaischen Kunst ist hier bei dem am weitesten rechts befindlichen Kopf zum ersten Male die Dreiviertelansicht gegeben. Einige Betrachter wollten schon bei den beiden Raubtierköpfen des Giebels von Kerkyra den Ausdruck verschiedener Temperamente feststellen. Bei dem Giebel der Akropolis von Athen ist eine starke Differenzierung des Gesichtsausdruckes in den drei Köpfen des Typhon offensichtlich. Hinzu kommt die verschiedene Charakterisierung durch die Farbwerte der Bemalung. Die Farbreste auf dem amorphen, relativ weichen Kalkstein, dem sogenannten Poros, können einen Begriff von der Bemalung griechischer Skulptur dieser Periode vermitteln. Besonders bemüht hat sich der Bildhauer, den

ABB. 33 – Kentaurenkampf. Halsbild auf der Gegenseite des von Klitias signierten Kraters. 570–560 v. Chr. *Gefäßhöhe 66 cm. Florenz, Archäologisches Museum. Vgl. S. 110 f.*

ABB. 34 – Salbgefäß mit der Signatur des Nearchos. Um 550 v. Chr. *Höhe 7,8 cm. New York, Metropolitan Museum. Vgl. S. 118, 163*

Blick der Augen durch plastische Gestaltung von Iris und Pupille expressiv zu gestalten. Bildungen, wie die eben beschriebene, können den Gedanken nahe legen, daß die archaische Kunst auf dieser Entwicklungsstufe im Stande sei, die räumliche Verbindung von Figur zu Figur und ein rhythmisch bestimmtes Verhältnis zwischen Figur und Raum herzustellen. Gewiß haben wir die Ansätze dafür innerhalb des durch die Geisa gebildeten Giebelrahmens kennengelernt. In der Freiplastik würde eine solche Kompositionsform, wenn sie auf zwei oder mehr Gestalten bezogen wird, als Ergebnis *das* haben, was als ›statuarische Gruppe‹ bezeichnet wird. Da die Kompositionsprinzipien der archaischen Kunst in jedem Fall aber darin bestehen, daß die einzelnen Teile eigenwertig nebeneinandergesetzt werden – ein Kompositionsprinzip, das man additiv oder parataktisch zu nennen pflegt –, gibt es eine Tendenz zur eigentlichen Gruppenbildung überhaupt nicht. An ihre Stelle tritt die Reihung. Wir müssen, um das schönste erhaltene Beispiel dafür kennenzulernen, von Athen aus zu dem anderen Zentrum der reifarchaischen Bildhauerkunst hinübergehen, nach Samos.

Samische Plastik Dort hat ein Stifter in den Jahren um 560 v. Chr. im Heiligtum der Hera eine breite Basis aufstellen lassen, auf der sich nebeneinander FIG. 17 sechs Marmorstatuen befanden. Vier stehende Gestalten, von denen die am weitesten links aufgestellte wahrscheinlich ein Jüngling im Mantel war, wurden rechts von einer liegenden und links von einer sitzenden gerahmt. Alle Figuren tragen Namensaufschriften. Auch GENELEOS hat sich der Künstler, mit Namen Geneleos, signiert. Vier der Statuen sind vollständig, allerdings ohne die wohl absichtlich in nachantiker Zeit zerschlagenen Köpfe erhalten. Von einer weiteren, der dritten stehenden Mädchengestalt, sind Bruchstücke erhalten. Die Statue des Jünglings ist bisher bei den Ausgrabungen nicht gefunden worden. Selbst in der Art, wie die Statuen für den heutigen Betrachter beziehungslos nebeneinander aufgereiht stehen, ergibt sich ein höchst eindrucksvolles Monument. Beinahe unüber-ABB. 27 trefflich jedoch ist die Einzelausführung. Die Statue der Ornithe mag das zeigen. Die besondere Feinheit der Oberflächenbehandlung besteht in der ganz leichten plastischen Modellierung und dem zarten, ruhigen Faltenspiel. Die Schönheit der Gestalt, die

Fig. 17 – Statuengruppe des Geneleos, um 560 v. Chr. Rekonstruktion. Samos, Heraion (E. Buschor, Altsamische Standbilder II S. 27)

Feinheit und Kostbarkeit des Gewandes werden vom Künstler durch die weit auf den Rücken fallenden Haare und die jederseits vier schlicht gegliederten Haarbündel, die vorn zwischen Schultern und Brüsten herabfallen, sowie durch den Gegensatz der etwas tiefer eingravierten schmalen Falten des Oberkörpers zu den breiteren und etwas flacheren des unteren Teiles wiedergegeben. Die Belebung des Gewandes geschieht durch die ruhige Geste der linken Hand, mit der der Stoff leicht gerafft wird.

Neben Geneleos muß damals auf Samos ein weiterer, vielleicht noch bedeutender Bildhauer gewirkt haben, der unter anderem die herrliche Frauenstatue gearbeitet hat, die laut Inschrift von einem gewissen Cheramyes der Hera geweiht wurde und die sich heute in dem Museum des Louvre befindet. Trotz der Verschiedenheit der künstlerischen Handschrift ist bei der einen Figur ebenso wie bei dem Statuenverein des Geneleos die charakteristische Grundstruktur ostjonischer, speziell samischer Plastik deutlich. Nicht nur die attische Struktur, sondern auch diejenige der Kykladeninseln ist gut von der samischen zu unterscheiden. Als in den achtziger

Jonische und attische Koren

Jahren des vorigen Jahrhunderts die Ausgrabungen auf der Akropolis von Athen zum ersten Male in unerwarteter Fülle Denkmäler der archaischen Kunst ans Licht brachten, galten die Mädchenstatuen (Koren) als merkwürdigster Fund. Ihre Anzahl erreicht drei Dutzend; die kleinsten sind halb lebensgroß, die größte ist über 2,50 m hoch. Nach anfänglichem Erstaunen über einen vermeintlichen starren Schematismus lernte man mehr und mehr erkennen, daß unter den symmetrischen Stilformen das blühende Leben der archaischen Zeit nicht erdrückt, sondern erhalten war. So hat es der Dichter Hugo v. Hofmannsthal empfunden: »Standbilder waren da, weibliche, in langen Gewändern. Sie standen um mich im Halbkreis. In ihrer vollkommenen Ruhe, bis zum Rande gefüllt mit Leben, schienen sie an sich herabzublicken, vor sich hinzublicken, aber sie sahen mich nicht. Trotzdem, sie waren nicht blicklos: dies mochte an dem wunderbaren Leben liegen, mit dem das obere Lid beladen war, und das gegen die Nasenwurzel hinströmte und sich unter den Augen mit erhabenem Ernst verlor.«
Der Stilvergleich mit ähnlichen Statuen, die von anderen Fundplätzen Griechenlands bekannt sind, ergibt, daß mehr als die Hälfte der Akropolis-Koren von der Hand attischer Künstler stammen. Von den sicheren Importstücken ist bei einigen die Provenienz mit großer Wahrscheinlichkeit genauer anzugeben. Vor allem aber stellt sich heraus, daß der Typus dieser Statuen im östlichen Jonien zuhause und von dort nach Attika gewandert ist. Statuen wie die
ABB. 27 Ornithe sind das Vorbild, das Bildhauer auch der übrigen Landschaften zu ähnlichen Schöpfungen begeistert hat. Schon in der Tracht zeigt sich Jonien als der gebende Teil. Dort sind die ältesten dieser Figuren mit dem Chiton, einem hemdartigen Kleidungsstück aus dünnem, zarten Stoff bekleidet. Später werden Teile dieses Gewandes auf beiden Körperseiten über den Gürtel hochgezogen. Der Gürtel bleibt vorn und hinten noch zwischen den so entstehenden Faltenbäuschen sichtbar, die in feinem Gefältel herabhängen, so wie es bei der Ornithe der Fall ist. In anderen Fällen wird der Gürtel von den tief herabgezogenen Bausch völlig verdeckt. Eine Bereicherung dieser Tracht fügt dem Chiton einen kurzen Mantel zu, der meistens auf der rechten Schulter befestigt ist. In Athen

Fig. 18 – Naxische Kore, Marmor. Zweites Viertel des 6. Jahrhunderts v.Chr. Athen, Akropolis-Museum (E. Buschor, Altsamische Standbilder II Abb. 80)

wird der Chiton anstelle des früher in Attika üblichen festeren und dickeren Gewandes ohne Ärmel ebenso übernommen, wie später das schräge Mäntelchen. In den Dingen der Mode wurde also Ionien Vorbild. Die ältesten Koren, die auf die Akropolis geweiht wurden, sind von ionischen Bildhauern gearbeitet. Der Versuch, ihr Herkunftsland zu fixieren, hat nach Samos oder auf eine der Kykladen-Inseln geführt. Heute läßt sich sagen, daß die mit Kopf erhaltene Figur, die als Attribut eine Frucht hält, naxisch sein muß. FIG. 18 In der Rhythmisierung der Oberfläche ist der Unterschied zu den leicht bewegten Flächen der Ornithe so groß, daß sich eine Zuschreibung an einen samischen Bildhauer verbietet. Dem gegenüber ist die naxische Figur kantiger gebaut und die Faltengrate sind um eine Nuance härter als die gravierten Linien der samischen Gewandstatuen. Man hat gesagt, daß naxische Körper hager seien, »wie vom Seewind ausgezehrt«; das gilt im vollem Umfang auch für die Statue auf der Akropolis. Natürlich wissen wir nicht, ob sie

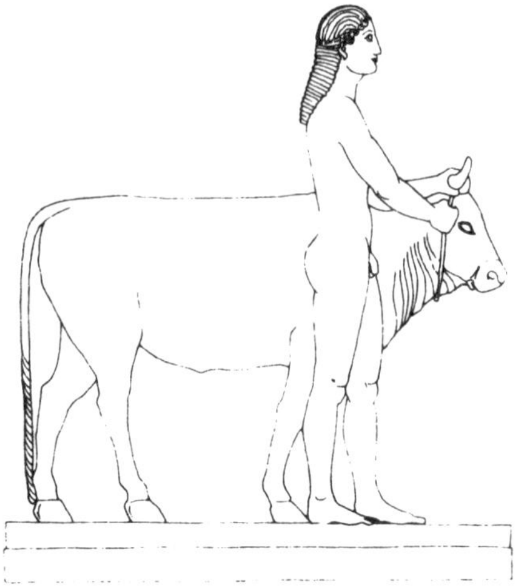

Fig. 19 – Gruppe eines Kuhführers, Marmor. Um 560–550 v. Chr. Samos, Heraion (Rekonstruktionszeichnung von K.-F. Krösser)

fertig gearbeitet importiert wurde oder ob ein naxischer Bildhauer sie aus einem Block guten Inselmarmors in Athen geschaffen hat; beides ist in gleicher Weise möglich. Die weichere, die plastische Oberfläche stärker modellierende Art samischer Bildhauer zeigt im Vergleich hierzu ein eigentümliches Weihgeschenk, das wiederum
FIG. 19 aus dem Hera-Heiligtum von Samos stammt. Es ist ein Opfernder, der der Göttin eine Kuh zuführt. Nur Fragmente sind erhalten. Durch die Bruchstücke der Standplatte und vor allem durch die Hand des Mannes, mit der er die Kuh am Horn greift und führt, ist die Stellung von Tier und Mensch zueinander zu rekonstruieren. Auch hier ergibt sich, daß nicht eine Gruppe im späteren Sinn beabsichtigt war. In gleicher Bewegungsrichtung schreitet die Kuh wie auch ihr Führer; beide Gestalten sind in ein orthogonales Gerüst gleichsam eingespannt. Trotz dieser gewiß nicht naturalistischen Komposition, scheint die Zueinanderordnung der Gestalten von Leben erfüllt, scheint die Haut der Marmoroberfläche selbst an den Bruchstücken des stark zerstörten Denkmals zu atmen.

Verglichen mit attischen Skulpturen schließen sich natürlich die Ornithe, der Kuhführer und die naxische Kore in Athen zu einer in sich nicht absolut homogenen, aber durchaus verwandten Stilgruppe zusammen. Die attischen Künstler beschäftigen weniger die Fragen der Oberflächengliederung und der Modellierung der Marmorhaut, sondern – darin den Bildhauern der Peloponnes verwandter – die konstruktive Zusammenfügung der einzelnen Körperteile, sowie ihr Verhältnis zum Raum; und das um so mehr, je weiter die archaische Form sich im Verlauf des 6. Jahrhunderts entwickelt. Der ›Dreileibige‹ aus dem Giebel des alten Athenatempels war uns ein Beispiel dafür. Er setzte die von Korinth gegebenen Anregungen fort. So wie er zu dem Giebel des Artemis-Tempels von Kerkyra steht, verhält sich die Sphinx von Kalydon zu einer Sphinx, die im Gräberbezirk des Kerameikos von Athen an den Tag kam. Hier ist es nicht eine stärkere Räumlichkeit oder der Versuch einer Komposition mit Dreiviertelansicht, sondern die stärkere Durchgliederung des Gesichtes und des Tierkörpers, verbunden mit einer stärkeren Beweglichkeit in der gleichsam momentanen Haltung der ganzen Figur, die sich von dem älteren Vorläufer abhebt. Auch ist die Sphinx vom Kerameikos in stilgeschichtlicher Hinsicht deutlich jünger, als die eben besprochenen naxischen und samischen Skulpturen. Sie leitet über zu einem Bildwerk, das man wohl als Meisterwerk aus der Frühzeit des Tyrannen Peisistratos bezeichnen kann. Durch das erstaunliche Formengedächtnis eines jungen Archäologen gelang es vor dreißig Jahren die Bruchstücke eines Pferdes und des zugehörigen Reiterkörpers im Akropolis-Museum von Athen mit einem Marmorkopf zu verbinden, der sich seit langer Zeit unbekannter Herkunft im Louvre befindet; denn die Privatsammlung Rampin war nur eine Zwischenstation auf dem Schicksalswege dieses Kopfes. Humfry Payne erinnerte sich in Athen an die Bruchfläche, die er im Louvre gesehen hatte, und ein Versuch am Gipsabguß ergab, daß der Kopf Rampin auf den Reitertorso des Akropolismuseum Bruch an Bruch aufpaßt. Durch diese geniale Tat war die Rekonstruktion des ganzen Bildwerks wenigstens in der Zeichnung oder im Abguß möglich geworden; eines Bildwerks, das in sich solche Tendenzen, die auf eine Eroberung des Raums drängen, mit der vitaleren und stärker organischen Gestaltung der Körperteile vereinigt. Hier hat ein attischer Bildhauer die konsequente Folgerung aus den Voraussetzungen gezogen, die seine älteren Zeitgenossen ihm mit dem Porosgiebel und der Marmorsphinx übergeben hatten.

ABB. 29
ABB. 26
FIG. 20

Attische Plastik in der Zeit des Peisistratos

ABB. 31
FIG. 21

Fig. 20 – Sphinx von einem attischen Grabmal, Marmor. Um 560 v.Chr. Athen, Kerameikos-Museum (D. Ohly in »Neue Deutsche Ausgrabungen« S. 254)

Mit der glücklich gelungenen Zusammenfügung ruhte jedoch die Arbeit an der Reiterstatue nicht. Die weitere Durchforschung der Marmorfragmente, die im Zuge der Ausgrabungen auf der Akropolis freigelegt waren, führte dazu, daß Reste einer zweiten, stilgleichen, im Gegensinn komponierten Reiterstatue gefunden wurden. Die Bruchstücke sind so spärlich und ihr Erhaltungszustand ist so schlecht, daß eine Rekonstruktion nicht möglich ist. Jedoch ist die zweite, spiegelbildlich symmetrische Statue vollkommen gesichert. Wir sehen uns also einem Doppelmonument von zwei kurzbärtigen Reitern gegenüber, dessen Erklärung nicht leicht ist. Wegen der scheinbar individuellen Durcharbeitung der Gesichtszüge ist auch einmal der Vorschlag gewagt worden, daß vielleicht Bildnisstatuen gemeint seien. Man dachte sogar an Porträts der beiden Söhne des Peisistratos, die nach seinem Tode ihm in der

Fig. 21 – Reiterstatue aus Athen, Marmor (Kopf in Paris, Louvre, Torso in Athen, Akropolis-Museum.) Um 550 v.Chr. (H.Payne, Archaic Marble Sculptures from the Acropolis Taf. 11a)

Herrschaft folgten. Die schwierige Frage, inwieweit bei benannten Menschendarstellungen im 6. Jahrhundert die Möglichkeit der individuellen Charakterisierung geht, brauchen wir in diesem Falle nicht anzuschneiden. Die Söhne des Peisistratos waren in der Entstehungszeit der Statuen gewiß noch zu jung, um in diesem Typus erkannt werden zu können. Näher liegt vielleicht eine Deutung auf die Dioskuren. Doch sind auf der Akropolis andere Weihungen an die Brüder der Helena oder Inschriften, die sich auf sie beziehen, nicht gefunden worden. Zahlreich sind in Sparta die Reliefs, die die heroischen Brüder feiern. Dorthin würde eine solche monumentale Weihung sehr viel besser passen als auf die Burg von Athen. Sicher ist nur so viel, daß der Kopf Rampin, wie ein Vergleich mit dem Sphinxkopf vom Kerameikos zeigt, rein attisch ist. Wahrscheinlich ist es sogar möglich, dem ›Meister Rampin‹ noch weitere

Statuen aus dem Akropolis-Material zuzuschreiben; und Payne hat
ABB. 30 auch dies versucht. Doch steht das Fragment eines Grabreliefs etwa der gleichen Zeit in stilistischer Hinsicht dem Kopf Rampin noch näher. Hier trägt der Dargestellte hinter seinem Kopf mit der erhobenen Linken einen Diskus, so daß das Gesicht, begrenzt von dem äußeren Rand der Wurfscheibe, wie in einem runden Rahmen erscheint. Auf diesem Relief sind dem Bildhauer die zarten Übergänge der einzelnen Gesichtsflächen zueinander und die präzise Modellierung der Schädelknochen unter der gespannten Haut wunderbar gelungen. Die Haartracht des Athleten ähnelt dem Dipylon-Kopf in der Umschnürung der Haarmasse im Nacken; jedoch ist das Haar nicht mehr in sogenannten Korallenlocken, sondern nur horizontal aufgeteilt. Es ist sehr wahrscheinlich, daß

PEISISTRATOS

sich am Hof des Peisistratos, wie später bei seinen Söhnen und wie am Hofe des Polykrates, neben Dichtern Bildhauer und andere Künstler befanden. Jedenfalls ist die Feinheit der handwerklichen Ausführung beim Kopf Rampin sowohl, wie bei dem Diskusträger durchaus im Umkreis höfischer Kunstübung glaublich. Das Relief beweist, daß Attika nicht nur für die Votivplastik, von der auf der Akropolis von Athen so großartige Beispiele erhalten sind, sondern auch in der Kunst der Grabmonumente führend bleibt. Im 6. Jahrhundert wird das Grab meistens nicht mehr durch ein darauf gestelltes Gefäß oder eine freiplastische Statue gekennzeichnet, sondern durch eine Platte, die Reliefdarstellungen trägt. Seit etwa 570

Attische Grabstelen

v. Chr. haben die attischen Bildhauer die Gattung dieser Grabreliefs ausgebildet und durch zweieinhalb Jahrhunderte vervollkommnet. Es handelt sich bei diesen ›Stelen‹ nicht eigentlich um billigere und bescheidenere Denkmäler. In der absoluten Größe übertreffen sie nicht selten die Grabstatuen. Das gilt zumindest für die frühesten Phasen der Entwicklung, in der die Stelen manchmal auch so dick sind, daß sie den Charakter eines Pfeilers haben. Häufig sind sie mit einem Kapitell bekrönt, das gleichzeitig als Basis für eine Figur oder ein vegetabiles Akroter dient. Später, in der Zeit der attischen Demokratie wurden von der Menge der Bevölkerung und demzufolge auch von den Behörden die Pracht, der Luxus und die Größe solcher Grabreliefs mehr als einmal so unangenehm empfunden, daß ein Verbot gegen den Gräberluxus erlassen wurde. Davon war in der Zeit der Adelsherrschaft vor Peisistratos und in der Zeit der Tyrannis nicht die Rede. Damals wurden in den meisten Fällen die schmalen, hoch aufrecht stehenden Stelen mit nur einer Figur verziert. Sie repräsentiert den Verstorbenen, dessen Andenken durch sie auf Erden wachgehalten wird. Die Gestalt auf den Grabstelen, meistens nackt, kann auch bekleidet oder gerüstet dargestellt sein. Jüngere Männer sind sehr häufig mit Sportgeräten abgebildet. Überhaupt scheint in Attika diese Form des Grabmals den Männern vorbehalten gewesen zu sein. Doch sind Ausnahmen, Weiterbildungen bekannt. So ist in einem Fall ein Jüngling von seiner, sehr viel kleiner dargestellten Schwester begleitet. Auch die Darstellung von Mutter und Kind ist schon für die archaische Epoche belegt. Doch sind dies vereinzelte Vorläufer jener ›Familienreliefs‹, die erst nach dem Intervall, das dem ersten Verbot der allzu kostbaren Grabschmückung folgte, und also erst in klassischer Zeit in Attika üblich wurden. Die Fläche dieser späteren Grabreliefs erstreckt sich mehr in die Breite und zwei, drei oder gelegentlich noch viel mehr Figuren werden darauf dargestellt.

Die Beziehungen des Tyrannen und seiner Familie zu den Töpfern und Waffenschmieden waren sicher nicht so eng wie die zu den Schöpfern der Kunstwerke im großen Format. Aber auch diese Zweige der Kunst oder des Kunstgewerbes haben damals in Athen eine besondere Blüte erfahren. Um das Kennzeichenende der attischen Vasendekoration in Kontrast zu verdeutlichen, sei der Blick zunächst auf zwei Gefäße lakonischer Werkstätten gelenkt, die als einzige im Durchschnitt ihrer Erzeugnisse die Qualität der Keramik Athens im 6. Jahrhundert erreichen. Das eine ist ein großes Mischgefäß, in dem der Wein mit mehreren Teilen Wasser versetzt wurde, wie das beim Gelage üblich war. Zur Betonung der stämmigen Gefäßformen hat sich der Maler nicht des Figurenbildes oder einer Friesdarstellung bedient. Vielmehr ist die Dekoration der prächtigen Vase nur durch die großgesinnten Ornamente gegeben, deren Präzision an Metallgravierung erinnert. Figurendarstellungen haben seit geometrischer Zeit die Tendenz gezeigt, selbständige Bedeutung zu bekommen und den einheitlichen Gesamtcharakter

Lakonische Vasenmalerei

B.A. 12

des Gefäßes zu gefährden, wenn nicht zu zerstören. Solange der lakonische Maler sich auf eine Vielzahl kräftiger Ornamente beschränkt, die dem tektonischen Aufbau, wie ihn der Töpfer hergestellt hat, in jeder Einzelheit gleichwertig entsprechen, entgeht er dieser Gefahr. Beim attischen Maler hat man beinahe den Eindruck, als suche er diese Gefahr absichtlich auf. Anders verhält es sich mit der Dekoration der der Zahl nach größten Gattung der lakonischen Keramik, den Trinkschalen. Bei ihnen sind nur wenige Beispiele rein ornamental verziert, während die meisten Exemplare figürliche Bilder tragen, die sich allerdings häufig nur im Inneren der Schale finden, um so – bedeckt vom Wein – beim Trunke für die Blicke des Trinkenden ein seltsam zauberhaftes Leben zu ent-
B.A. 15 wickeln. Ein gutes Beispiel bietet eine Schale im Britischen Museum mit Reiterdarstellung. Die Wiedergabe des Reiters und die verschiedenen Vögel, Geier und Adler, vor allem aber die geflügelte Gestalt hinter ihm, die Kränze in den Händen trägt, beweisen, daß der Reiter als Heros gedacht ist. Das soll wohl auch das aus Voluten aufwachsende vegetabilische Ornament bedeuten, das er auf dem Kopfe trägt. Darstellungen wie diese führen zu der Annahme, daß eine Anzahl der lakonischen Trinkschalen nicht nur für ihre eigentliche Zweckbestimmung, sondern schon bei der Bemalung als Grabbeigabe gedacht waren.

FIG. 22 Eine Überraschung erwartet uns, wenn wir die aufgestellte Vase von der Seite betrachten, und die gleiche Überraschung müssen die Benutzer damals empfunden haben, als sie die ersten Schalen dieser besonderen Form zu Gesicht bekamen. Seit geometrischer Zeit waren die flachen Trinkgefäße mit einem niederen Fuß oder nur mit einem Standring ausgestattet, auf dem sie fest aufruhen, wenn man sie aufsetzt. Die neue Form der hochfüßigen Schale wurde in Sparta erfunden und man kann wohl behaupten, daß keine Veränderung der Vasenform innerhalb der Geschichte der griechischen Keramik dem Gefäß in Ponderation und Tektonik ein so verändertes Aussehen gegeben hat, wie diese Neuschöpfung. Dementsprechend ist auch die Wirkung dieser Erfindung nachhaltig. Selbstverständlich hat auch sie in dem lebendigen Schöpfungsprozeß griechischer Töpferei Modifikationen erfahren. Doch

Fig. 22 – Lakonische Schale. Um 550 v. Chr. London, Brit. Museum (R. M. Cook, Greek Painted Pottery Taf. 27b)

wäre diejenige Schalengattung, die man vielleicht als die Krone der griechischen Keramik betrachten darf, die attischen rotfigurigen Schalen der Jahrzehnte nach 500 v. Chr., ohne die lakonischen Vorläufer niemals entstanden. Die Möglichkeiten, die sich im Widerspiel des Verhältnisses der Henkel zum Schalenkörper, der Schalenlippe zu dem hohen, während der weiteren Entwicklung immer schlanker werdenden Schalenfuß ergeben, sind unabsehbar.

Die meisten lakonischen Schalen sind auf ihrer Außenseite rein ornamental verziert. Um die Ansatzstelle des Schalenfußes legen sich konzentrische Kreise, Granatapfelreihen, Blattmuster und andere einfache Ornamente. In der Zone des Henkelansatzes wird dem Henkelornament besondere Beachtung geschenkt. Eine sehr einfache, dennoch wirkungsvolle Dekorationsart der Gefäßlippe ist, daß sie unverziert bleibt und nur den feingeschlämmten hellen Überzug zeigt, der durchweg den lakonischen wie den ostgriechischen Gefäßen als Malgrund dient. Andere Dekorationsarten der Lippe sind Blatt-, Blüten-, Knospen- oder Granatapfelmuster, die den bandartigen Charakter dieses sich zum Rand hin erweiternden, manchmal leicht konvexen Gefäßteils betonen.

Attische Vasenmalerei

Man wird die lakonische Reiterschale etwa in die Mitte des 6. Jahrhunderts datieren. Völlig anderer Art sind attische Gefäße des gleichen Zeitraums. Sie sind auch in höherem Maße repräsentativ für die damaligen Kunstformen in ganz Griechenland. So ist, wie

etwa achtzig Jahre früher die korinthische Kanne der Sammlung Chigi als stellvertretend für die Keramik der ganzen Zeitstufe betrachtet werden konnte, der um 560 v. Chr. entstandene Krater
ABB. 32 im Archäologischen Museum von Florenz das bezeichnende Beispiel
ABB. 33 seiner Epoche. Das Schwergewicht hat sich eindeutig von Korinth
KLITIAS nach Athen verlagert. Der Krater ist von Klitias als Maler und von Ergotimos als Töpfer signiert. Seltsam ist, daß jetzt in der attischen Vasenmalerei sich kleinteilige Formen, wie wir sie im 7. Jahrhundert in Korinth beobachten konnten, durchzusetzen beginnen. Vielleicht hängt das mit einem historischen Gesetz zusammen, daß innerhalb einer Entwicklung eine bestimmte Erscheinung nicht selten von ihrem genauen Gegensatz abgelöst wird. Wir haben die monumen-
ABB. 21 talen Formen in der attischen Vasenmalerei der zweiten Hälfte des 7. Jahrhunderts kennengelernt. Sie werden von zwei für uns anonymen Malern der Jahrhundertwende, von dem Netosmaler und dem Gorgomaler, weiter entwickelt. In den Spätwerken des Gorgomalers klingt jedoch schon jene andere Tendenz an, deren Höhepunkt in der Mitte des 6. Jahrhunderts von miniaturhaften Bildchen einiger attischer Schalenmaler erreicht wird, die man mit einem treffenden Ausdruck als Kleinmeister bezeichnet hat. Der Vasenmaler Klitias hat seine kleinteiligen Formen auf großen Malflächen und auf einem Gefäß von überdurchschnittlicher Höhe zur Vollendung gebracht. Das war nur dadurch möglich, daß der gesamte, zur Verfügung stehende Raum minuziös unterteilt wurde. Klitias hat sich für eine Gliederung der Fläche in sechs waagrechte Bildstreifen entschieden. Alle diese Friese sind figürlich verziert. Die ornamentale Dekoration spielt daneben nur eine geringe Rolle. Der Hauptfries, auf der Höhe der unteren Ansatzstellen der beiden Henkel, schildert den Besuch der olympischen Götter und anderer göttlicher und halbgöttlicher Gestalten bei dem jungvermählten Paar Peleus und Thetis. An der Lippe des Gefäßes wird auf der
ABB. 32 einen Seite eine Geschichte aus der früheren Jugend des Peleus erzählt. Dort ist die Jagd auf den kalydonischen Eber geschildert. Teilnehmer an dem Abenteuer ist neben Meleager und Atalante auch Peleus. In der Frieskomposition ist der Eber die zentrale Figur. Einen der Jäger und einen der Jagdhunde hat er bereits zur

Strecke gebracht, aber unverdrossen dringen von rechts und links die übrigen auf ihn ein. Im Kreis der Jäger nehmen Peleus und Meleager die entscheidende, zugleich die gefährlichste Stelle ein. Sie halten ihren kurzen Speer in der Art wie antike Jagdvorschriften und wie auch noch die klassische Regel der abendländischen Sauhatz die Tötung des Wildschweines vorsieht: sie nahen sich mit der von der linken Hand gerichteten und mit der rechten Hand kräftig geführten ›Saufeder‹ frontal dem Kopf des Tieres.

Die besondere Konzeption des Klitias ist eine programmatische Anordnung der Bildfriese derart, daß einzelne Themen aufeinander abgestimmt sind. Neben dem Peleus-Mythus heben sich zwei weitere Hauptthemen heraus. Auf der Vorderseite des Kraters wird gleichsam ganz Griechenland gefeiert in epischen Sagendarstellungen, deren Held Achill ist. Sie stehen mit dem Peleus-Mythus inhaltlich in enger Verbindung. Die Hochzeit von Peleus und Thetis gibt die Vorgeschichte der Achill-Sagen, denn er ist beider Sohn. So ist es sinnvoll, wenn über dem Beginn des Götterzuges und ebenso darunter Themen aus der Geschichte Achills behandelt werden. Unten ist es die Verfolgung des trojanischen Prinzen Troilos durch den schnellfüßigen Helden; am Hals des Kraters die Leichenspiele beim Tode des Patroklos, die Achill veranstaltet hat: Eine Szene aus dem Wettkampf, den Diomedes, Automedon und andere mit ihren Rennwagen durchführen, wird uns gezeigt. ABB. 32

Auf der Rückseite des Gefäßes gilt die Feier dem Theseus. Er entspricht hier als der heimische Heros Athens dem Heros des gesamten Griechenlands, dessen Sagen die Vorderseite berichtet. So finden auf der Gefäßlippe der Rückseite die freudigen Reigentänze Platz, die Theseus und Ariadne nach ihrer Rettung aus dem Palast des Minotaurus ausführen; darunter, auf dem Gefäßhals, Kentaurenkämpfe, bei denen Theseus beteiligt ist. ABB. 33 Dieses letzte Thema zeigt in einem Beispiel die Kampfbrüderschaft des thessalischen Fürsten Peirithoos mit dem jugendlichen attischen Heros und späteren König Theseus. Es ist in der Folgezeit auch für den Reliefschmuck der griechischen Tempel beliebt. Während alle genannten Darstellungen doch von epischem Ernst getragen sind, lassen sich bei dem Figurenfries, der alle Bilderzyklen unten abschließt und auf dem konischen Gefäßfuß gemalt ist, humorvolle Töne nicht überhören. Hier ist das Thema der Kampf der Pygmäen mit den Kranichen. Darauf ist anläßlich des Vasenmalers Nearchos noch zurückzukommen.

Bei dem Vergleich dieser Darstellungen mit denjenigen der älteren korinthischen Kanne werden die stilistischen Unterschiede deutlich. Sie betreffen zunächst die verschiedene Entstehungszeit, dann die unterschiedlichen Landschaftsstile von Korinth und Athen und schließlich das verschiedene Temperament der beiden Maler. Der Korinther, obwohl er auf dem Höhepunkt, wenn auch noch nicht auf der Endstufe einer langen künstlerischen Entwicklung steht, zeichnet durchweg unbefangener. Klitias zeichnet sorgfältig bemüht, fleißig; dadurch erhalten seine Figuren manchmal ein wenig akademische Steifheit – dennoch können sie sich zwischen weiten Grenzen, zwischen majestätischer Würde und schlanker Eleganz, je nach dem Thema, überzeugend bewegen. Eine für den Zeitstil nicht unwichtige Tatsache sollte erwähnt werden. In dieser Phase der Kunstgeschichte hat sich das Verhältnis der Darstellungen zu den Realien so sehr gegenüber der geometrischen Zeit geändert, daß jetzt z.B. Schlüsse von den Vasenbildern auf die damals benutzten Waffen gezogen werden können. Der Helm, den der Lapith Hoplon – bereits mit dem Namen führt Klitias ihn als Repräsentanten der damaligen Schwerbewaffneten ein – trägt, entspricht bis in Einzelheiten einem in Olympia gefundenen Helm der gleichen Zeitstufe. Allerdings lassen sich bei dem Bronzehelm Details, wie das durch Silbernägel gebildete Ornament über dem Augenausschnitt und an den Wangenklappen, das der Vasenmaler durch eine Doppellinie angegeben hat, besser erkennen. Gleich ist vor allen Dingen die Umrißform. Ähnliches gilt für Schild und Panzer.

ABB. 35 – Spätkorinthischer Kolonetten-Krater, um 570–60 v. Chr. *Höhe 52 cm. Rom, Museo Gregoriano Etrusco.* Die Darstellung in zwei friesartigen Bildzonen zeigt oben vier bewaffnete Reiter, von denen jeder ein Handpferd führt, unten Panther und Wildziegenböcke

ABB. 36 – Aias bereitet seinen Selbstmord vor. Bauchamphora des Exekias. Um 540 v. Chr. *Boulogne-sur-Mer. Vgl. S. 120, 167*

35

Das am besten erhaltene archaische Beispiel eines Panzers, das ebenfalls aus den Ausgrabungen von Olympia stammt und so gut konserviert ist, daß das schimmernde Bronzeblech bis heute seine Elastizität bewahrt hat, gehört in die Lebenszeit des Klitias.
Klitias ist der zweitälteste attische Maler, von dem uns in seinen Signaturen der Name erhalten ist. Der erste, Sophilos, war möglicherweise der Lehrer des begabten Schülers. In mehreren Fällen können wir eine Abhängigkeit des Klitias von Sophilos eindeutig beweisen. In allen diesen Fällen hat Klitias sein Vorbild nicht sklavisch kopiert, sondern er bringt in den einzelnen Bildteilen Varianten an und er schreibt vor allem seine eigene künstlerische Handschrift. So hat er den Zug der Gäste bei der Peleus-Hochzeit, das Wagenrennen nach dem Tode des Patroklos und die Darstellung des Kentaurenkampfes älteren Bildern des Sophilos abgeguckt und in seinen eigenen Stil umgesetzt. Auch in anderer Hinsicht führt Klitias eine von dem älteren Maler begründete Gewohnheit fort: Sophilos sowohl wie Klitias lassen über den Inhalt ihrer Bilder keinen Zweifel. Fast jede einzelne Figur hat eine Namensbeischrift, sogar Pferde und Hunde, ja der Altar oder ein Wasserkrug sind inschriftlich benannt. Selbstverständlich haben diese Inschriften nicht nur eine inhaltliche, sondern auch eine formale, dekorative Funktion.
Mit diesen Bildern und ihren Signaturen, mit dem Verhältnis der einzelnen Maler zu einander, sind wir bereits mitten im Leben und Treiben des Töpferviertels im archaischen Athen. Sophilos hatte seine Vasen selber geformt, bemalt und gebrannt. Klitias und Ergotimos scheinen gemeinsam eine ›Firma‹ betrieben zu haben, in der dieser als Töpfermeister, jener als Malermeister arbeitete. Doch wurde eine solche Arbeitsteilung keineswegs von da ab unumstöß-

ABB. 37 – Krater. Chalkidisch, um 540 v. Chr. Ton mit Firnisbemalung. Deckweiß und Deckrot. *Höhe 37,9 cm. Aus Vulci (Etrurien). Würzburg, Martin-von-Wagner-Museum der Universität*

ABB. 38 Dionysos und Mänaden. Halsamphora des Amasis. Um 540 v. Chr. *Höhe 33 cm. Paris, Bibliothèque Nationale. Vgl. S. 122*

liche Regel. So hat etwa der nur wenig jüngere Nearchos, ein Mann, der durch seine Kunst nicht nur bekannt, sondern auch wohlhabend wurde, als Maler die von ihm selbst hergestellten Gefäße bemalt. Ein Abhängigkeitsverhältnis in bezug auf die Thematik, wie wir es zwischen Sophilos und Klitias schon festgestellt haben, bestand auch zwischen Klitias und Nearchos. Es handelt sich um den Krieg zwischen den Kranichen und dem Zwergvolk der Pygmäen. Doch läßt sich in der Gefäßform kaum ein größerer Unterschied denken als der zwischen den beiden Vasen, auf denen die beiden Maler dieses gleiche Thema behandelt haben. Das ältere Gefäß ist der große repräsentative Krater des Klitias, bei dem das Thema auf dem Fries dargestellt ist, der den flach ansteigenden Gefäßfuß schmückt. Das andere ist ein insgesamt nur 7,8 cm hohes Ölfläschchen, ein Aryballos, wo es an der Mündung auf einem Streifen angebracht ist, der eine Figurenhöhe von nur 1 cm zuläßt. In diesem Miniaturformat lebt sich nun die Phantasie des Malers aus. Die einzelnen Gestalten sind viel flüchtiger, ja roher gezeichnet als bei Klitias. Aber mit welch agiler Vehemenz ist das Kampfgeschehen dargestellt! In der rechten Gruppe macht ein Kranich von der diesen Vögeln angemessenen Technik Gebrauch, daß er nämlich mit Hilfe seines langen Schnabels dem Zwerg das Auge auszustechen sucht. Links davon würde ein Pygmäe sich seines Angreifers nicht mehr lange erwehren können, wenn nicht ein Kampfgefährte mit schon schlagbereiter Keule zu seiner Unterstützung herbeieilte. Der Zweikampf ganz links ist noch unentschieden; rechts von dieser Gruppe trägt einer der Pygmäen einen gefallenen Kranich vom Schlachtfeld. Weitere Figurendarstellungen, wie z. B. Perseus mit Hut und Flügelschuhen, befinden sich am Henkel. Auf allen diesen Bildern ist ein purpurnes Deckrot sinnvoll verwendet. Die keramisch am meisten gelungene Verzierung sind aber die alternierend schwarz und rot gemalten Sicheln, die in dreifacher

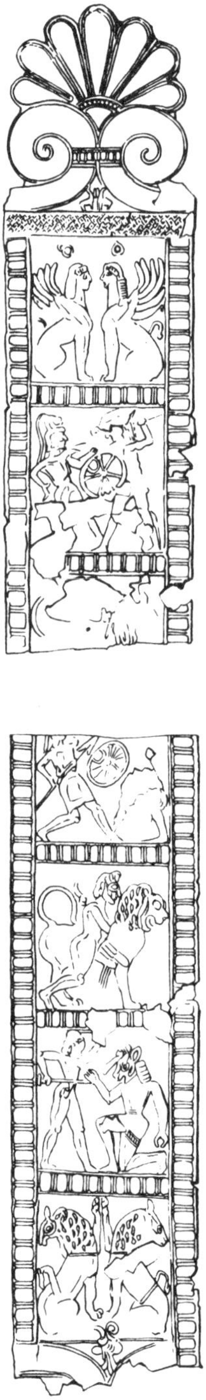

Fig. 23 – Schild-Armbügel von Noicattaro, Bronze. Um 560 v. Chr. Bari, Museum (Gervasio, Bronzi arcaici Taf. 17 links). Vgl. B. A. 6, 7 und 9

horizontaler Teilung die Rundung mit malerischen Mitteln gleichsam nachmodellieren. Ursprünglich war die farbige Wirkung noch bunter, da jedes zweite der tongrundigen Sichelornamente mit Weiß gedeckt war; diese nicht sehr beständige Deckfarbe ist heute größtenteils verschwunden und hat nur einige Spuren noch hinterlassen. Jedenfalls ist das kleine Gefäßchen trotz der Flüchtigkeit der Zeichnung im Friesstreifen ein Meisterwerk des attischen Miniaturstils. Wie er sich von dem um hundert Jahre älteren korinthischen unterscheidet, zeigt der Vergleich mit den kleinen Ölbehältern in Form eines plastischen Frauenkopfes oder einer selbstgenügsamen Ente. Zumindest der größere Reiz der Buntfarbigkeit steht auf Seiten des attischen Kugelaryballos.

ABB. 10

ABB. 23

Maler und Töpfer

Trotz dieser außerordentlichen Leistung in der Domäne der ›Kleinmeister‹ ist gerade Nearchos einer von denjenigen attischen Malern, die nicht nur in der absoluten Größe ihrer Figuren, sondern vor allem im Ethos der Darstellungen einen großformatigen Stil langsam wieder vorbereiten. Während seine beiden Söhne Tleson und Ergoteles, ebenfalls erfolgreiche Leute im Töpferviertel von Athen, eine Anzahl von handwerklich guten Schalen des ›Kleinmeister-Typus‹ hergestellt und als Töpfer signiert haben, malt der Vater mit einigen anderen, vielleicht noch talentierteren Vasenmalern dieser Jahre größere Gefäße – Kantharoi, Amphoren – und auch tönerne Bildtafeln (Pinakes), die eine Atmosphäre schaffen, in der sich die Kunst des wichtigsten attischen Malers der schwarzfigurigen Malweise, des Exekias, entwickeln kann. Einer dieser Maler ist Lydos. Wenn auch die einfachen Formen des Gorgoneions auf einem von ihm bemalten Teller schon deutlich zeigen, daß in diesem Stil nichts Kleinteiliges, Miniaturhaftes mehr eine Stelle hat: der Durchbruch zu einem neuen, inhaltlich dramatischen Stil kann doch nur im ›Handlungsbild‹ erfolgen. Nun ist die Darstellung einer Handlung in der archaischen Kunst nicht etwas an sich damals Neues. Im Gegenteil: seit dem ausgehenden 7. Jahrhundert haben zuerst die Vasenmaler im Bildfeld auf dem Hals der großen Amphoren, dann im 6. Jahrhundert auf dem Körper der schwarzgefirnißten Amphoren, auf denen ein tongrundiges Bildfenster ausgespart ist, Sagen und Geschichten erzählt. Erzählt – meistens in

ABB. 40

Anlehnung an die epische Dichtung – mit jener ursprünglichen, unmittelbaren Freude am Geschehen als solchem und mit der primitiven Lust, das Geschehen auch möglichst drastisch darzustellen. Mit der gleichen Erzählerfreude standen die Reliefbildhauer ihrem Thema gegenüber. Wir haben gesehen, wie vor allem in den Giebeldarstellungen von den weniger bedeutenden Ecken des Giebelfeldes her diese Tendenz ein Geschehen anschaulich im Bilde vorzuführen mehr und mehr an Boden gewinnt. Was ist schließlich die exuberante Bilderfülle des Klitias-Kraters anderes als eine Manifestation dieser Erzählerfreude?

Räumlichkeit und Raumgestaltung

Schon bei Gelegenheit der attischen Plastik mußte das Problem der Räumlichkeit gestreift werden. Daß die Staffelung von Figuren, Überschneidungen, die einen Raum-Unterschied zwischen einer vorderen und einer hinteren Schicht zumindest implizieren, daß auch die Dreiviertelansicht zuerst im Giebelrelief auftreten, ist bezeichnend. Stellt doch bereits das Giebelfeld, umgrenzt von dem Rahmen der Geisa, in sich selbst einen Raum dar, in den die Giebelfiguren eingefügt werden, zu dem sich in eine bestimmte dreidimensionale Beziehung zu setzen sie als plastische Gebilde gezwungen sind. Doch ist der Giebelraum nur ein verhältnismäßig kleiner Teil des Tempels. Für den Tempel als ganzen stellt sich das Problem der künstlerischen Gestaltung eines Raumes ebenso wie bei jedem anderen Bauwerk. Es stellt sich als immanente Möglichkeit immer und überall, wo überhaupt etwas gebaut wird. Natürlich kann es auch vernachlässigt werden – unbeschadet der statischen Festigkeit oder der religiösen Notwendigkeit eines Gebäudes. Wir haben gesehen, daß etwa im Innenraum des ältesten Heratempels von Samos, für den wir sogar die Einbindung magisch wirkender Kräfte angenommen hatten, die Raumgliederung als künstlerisches Problem kaum eine Rolle gespielt hat. Mehr und mehr macht sich das Bedürfnis einer künstlerischen Ordnung der einzelnen Raumteile und der geregelten Beziehung der Proportionen erst bei einer Vergrößerung des Raumes bemerkbar, die zu einfachst durch das Weglassen der mittleren Stützen geschieht. Dadurch wird aus einem zweischiffigen Innenraum ein neuer einheitlicher und zugleich größerer Raum. Die größere Spannweite macht für die Deckenbalken

FIG. 5

eine stellenweise Verstärkung der Wand in Form von Wandpfeilern oder Zungenmauern nötig; diese sind aber vertikale Gliederungen, die die Wand und mit den zwischen ihnen entstehenden Nischen den Raum rhythmisch ordnen. Von dem ältesten Tempel der Hera in Olympia wird etwa in der Mitte des 7. Jahrhunderts diese Entwicklungsstufe repräsentiert. Keineswegs stellt dieses Bauwerk bereits den ausgewogenen, vollendeten Typus des archaischen Tempels dorischer Bauordnung dar. Aber es darf nicht verkannt werden, daß es bereits zahlreiche Elemente enthält, die auf die spätere, vollendete Formung hinzielen. Das charakteristische Kennzeichen des späteren, kanonischen Tempeltypus – soweit es den Innenraum betrifft – ist die doppelte innere Säulenstellung, die die Cella in ein breites Mittelschiff und zwei schmale Seitenschiffe aufteilt. Die Entstehung dieser kanonischen Gliederung des inneren Tempelraums ist sicher eine spontane gewesen. Aber da sie ebenso sicher solche Beispiele griechischer Architektur voraussetzt, bei denen die Wandfläche durch Zungenmauern vertikal unterteilt und rhythmisiert ist, kann man rückschauend die typologische Ableitung eines normalen dreischiffigen Tempelgrundrisses aus solchen durch Nischen gegliederten Innenräumen versuchen. Braucht man doch dazu eigentlich nur jenes Stück der Zungenmauern wegzunehmen, durch das ihre als Antenpfeiler oder Halbsäule gestaltete Endigung mit der Längswand des Tempels verbunden ist, und sofort ergibt sich eine doppelte Reihe von Innenstützen in der Cella. In einigen Fällen – und das ist auch bei dem Hera-Tempel in Olympia so – waren die durch Zungenmauern gebildeten Wandnischen groß genug, um freistehende Säulen gleichsam einzuladen, jeweils den mittleren Platz zwischen den Mauerstirnen der benachbarten, einander parallelen Zungenmauern einzunehmen: dies nun wirklich typologisch ein Zwischenglied zwischen dem durch Wandvorsprünge gegliederten und dem dreischiffigen Innenraum. FIG. 24

Hera-Tempel von Olympia

In merkwürdiger Weise ist bei dem Hera-Tempel in Olympia noch heute die Ablösung der Holzsäule durch die Steinsäule sichtbar. Die stilistischen Detailformen der einzelnen Säulen des Säulenkranzes, der die Tempelcella umgibt, sind nämlich sehr verschiedenartig. Untersetztere und weniger untersetzte Säulenschäfte wech-

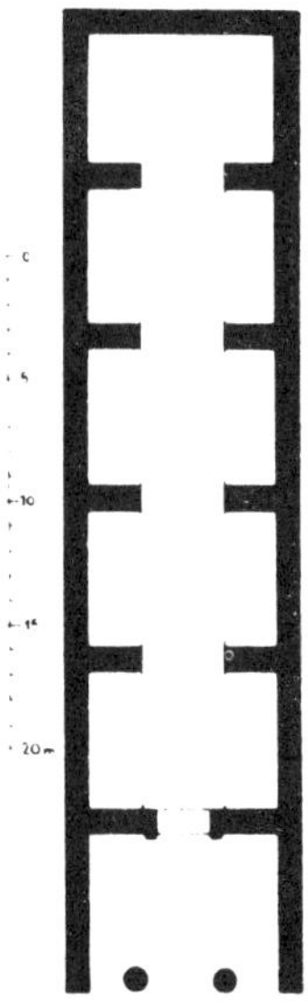

Fig. 24 – Olympia, Heraion I. Um 650 v.Chr. (Jahrb. des Inst. 61/62, 1946/47, S. 48)

Fig. 25 – Ephesos, archaisches Artemision. Mitte des 6. Jahrhunderts v.Chr. (Krischen, Die griechische Stadt Taf. 33)

seln miteinander ab, steile Kapitelle mit breiteren und wulstigen. Alles dies deutet darauf, daß früher einmal vorhandene hölzerne Säulen zu recht verschiedenen Zeiten durch die heute zum guten Teil noch erhaltenen Steinsäulen ersetzt worden sind. Bestätigt wird diese Überlegung durch eine Bemerkung in dem von Pausanias verfaßten Reisehandbuch, wonach der Tempel der Hera ursprünglich tatsächlich Holzsäulen gehabt habe, von denen eine einzige, fast als Kuriosität für die Besucher des olympischen Heiligtums, im Opisthodom des Tempels zur Zeit des Pausanias noch vorhanden war. Die frühesten der jetzt noch erhaltenen Säulen stammen aus dem Beginn des 6. Jahrhunderts v. Chr. Damals war also, und in allen Teilen Griechenlands, Stein das übliche Material auch für alle Einzelheiten der Sakralarchitektur geworden. Das gilt sowohl für die dorische wie für die jonische Bauordnung.

Artemis-Tempel von Ephesos

FIG. 25

Der Artemis-Tempel von Ephesos ist uns von den großen jonischen Monumentalbauten der vollendeten archaischen Entwicklungsstufe am besten bekannt. Zwar ist er nicht der älteste dieser jonischen Riesentempel. Der Nachfolgerbau des zweiten hundert Fuß langen Hera-Tempels auf Samos, der in gewaltig vergrößerten

Proportionen im zweiten Viertel des 6. Jahrhunderts erbaute dritte samische Hera-Tempel geht ihm voraus. Auch insofern besteht zwischen beiden Bauwerken eine enge Verbindung als Theodoros, einer der Architekten des dritten Heraion, von Samos nach Ephesos geholt wurde und hier beim Bau des Artemis-Tempels mitgearbeitet hat. Voraussetzungen, die das samische Heraion lieferte, Erfahrungen, die man dort gemacht hatte, kamen dem Neubau in Ephesos zugute. Die Architektur-Ornamentik, vor allem jedoch der Reliefschmuck sind am jüngeren Tempel, dessen Bauzeit die Mitte des 6. Jahrhunderts ist, erheblich reicher. Kroisos von Lydien, der wohl am meisten hellenisierte der vorderasiatischen Fürsten seiner Zeit, hatte – so berichtet Herodot in seinem Geschichtswerk (I 92) – für diesen Tempel kostbare Säulen gestiftet, deren unterste Trommel jeweils mit Relieffiguren geschmückt war. Die Ausgrabungen in Ephesus haben nicht nur Reste von solchen Säulenreliefs zutage gefördert, sondern auch Fragmente der dazugehörigen Weihinschriften, in denen der König Kroisos als Stifter genannt ist. Auch andere Architekturglieder, vor allem kraftvoll-einfache jonische Kapitelle sind an Ort und Stelle gefunden worden. Der Grundriß ist uns verhältnismäßig gut bekannt. Der Tempel wird 126 oder 128 Säulen gehabt haben. Er war ein sogenannter Dipteros, d.h. ein doppelter Säulenkranz stand um die Cella; die Cella selbst war dreischiffig und auch in der tiefen Vorhalle und im Opisthodom standen Säulenreihen. Die Vielzahl der scharfgratigen Kanneluren – jeweils 40 bis 48 – ließen den optischen Eindruck der Säulen schlank erscheinen. Mit den erwähnten Relieffiguren waren nur diejenigen geschmückt, die in der Front und vor der Vorhalle des Tempels standen. Von außen muß also der Tempel zunächst wie

ABB. 39 – Korinth. Apollontempel. Mitte des 6. Jahrhunderts v. Chr. *Vgl. S. 133*

ABB. 40 – Jonisches Kapitell. Mitte des 6. Jahrhunderts v. Chr. *Breite 79 cm. Samos, Heraion. Vgl. S. 140*

ABB. 41 – Grabstatue des Kroisos, Marmor, aus Anavyssos in Attika. Drittes Viertel des 6. Jahrhunderts v. Chr. *Höhe 1,94 m. Athen, Nationalmuseum. Vgl. S. 141*

39

40

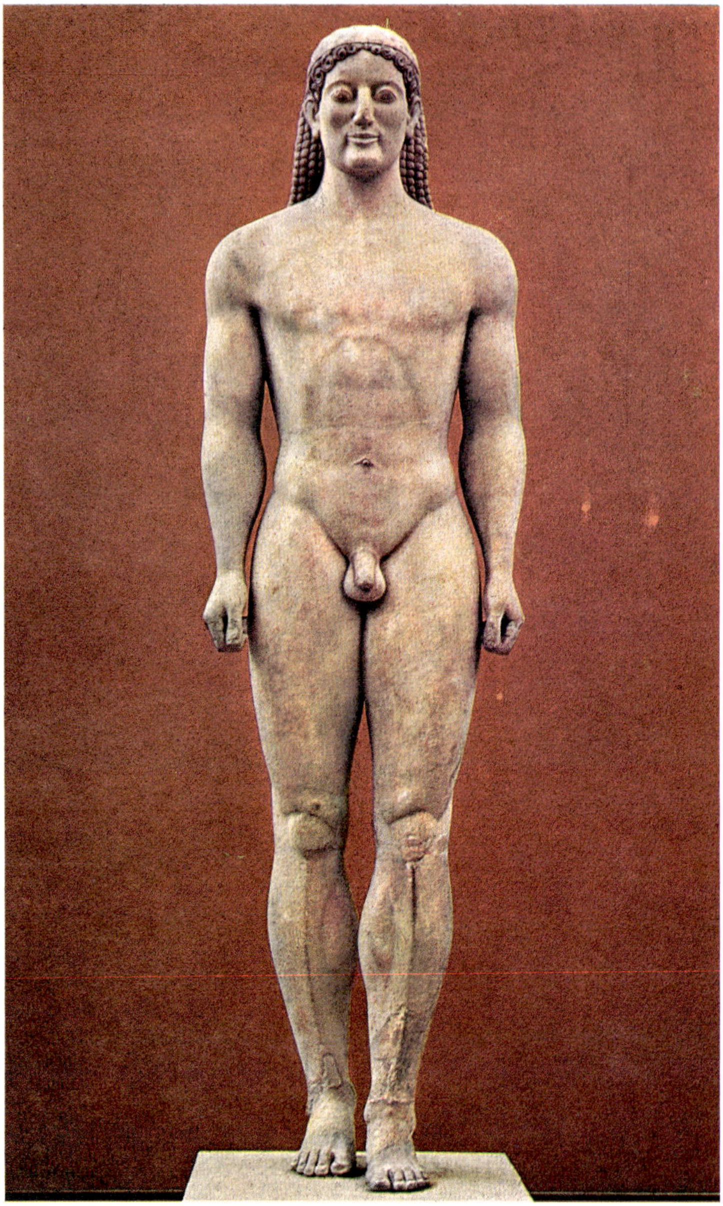

41

42

ein – allerdings sorgfältig geordneter – Säulenwald gewirkt haben; schon bald aber konnte man näherkommend die feine und reiche Ausführung im einzelnen bewundern: ein gewaltiges Monument, in dem aber gerade auch die Detailformen mit bemühter Liebe ausgeführt waren.

Solche Detailformen tauchen nun in der jonischen Architektur bei den verschiedensten Anlässen immer wieder auf. Ihre einfachsten Typen sind der ›Zahnschnitt‹ und das ›jonische Kymation‹. Am Artemision von Ephesos befinden sich beide Zierglieder als Abschluß über dem Architrav und als Überleitung zum Dach. Das jonische Kymation und ein Perlstab finden sich auch als Abschlußornament oben am Sockel des Poseidon-Altars auf Kap Monodendri bei Didyma in Kleinasien. Als besonders eindrucksvolles Ornamentgebilde erscheinen ferner dort die Voluten, die in der jonischen Schmuckkunst insgesamt, in der Architektur aber für die Kapitelle die Leitform sind; an den Altarecken rollen sie sich gegeneinander hoch und tragen in den entstehenden Zwickeln plastisch ausgeführte Palmetten.

Apollon-Tempel von Korinth

Eine derartig feine Gliederung, wie sie die hier genannten Beispiele jonischer Architekturformen zeigen, ist der gleichzeitig dorischen Bauordnung nicht eigen. Dafür wird hier jener Begriff von ›Substanz‹, von spezifischer Schwere ganz besonders sinnfällig, der oben für das Hauptmerkmal der künstlerischen Erscheinungen des archaischen Stils im 6. Jahrhundert insgesamt erklärt wurde. Das hatte sich bereits bei den kräftig gedrungenen Säulen des Artemis-Tempels von Kerkyra gezeigt, in dessen Giebelfeldern die urtümlich schrecklichen Darstellungen der Gorgo sich befanden. Das

ABB. 42 – Mutter und Kind. Fragment eines Grabreliefs, Marmor. Um 540 v. Chr. *Höhe 38 cm, Athen, Nationalmuseum. Vgl. S. 144*

ABB. 43 – Kopf einer Kore. Attisch, um 510 v. Chr. Marmor mit roten und schwarzen Farbspuren. In den Bohrlöchern war Schmuck aus Metall befestigt. *Höhe 14,25 cm. Von der Akropolis. Athen, Akropolis-Museum.* Dieser Korenkopf ist einer der schönsten und von besonders individuellem Ausdruck. Die größere, zwischen den Stirnhaaren und der Stephane fehlende Haarpartie beeinträchtigt seine Wirkung ein wenig

Fig. 26 – Altar vom Kap Monodendri bei Milet. Zweites Viertel des 6. Jahrhunderts v. Chr. (H. Berve–G. Gruben, Griechische Tempel und Heiligtümer 234 Abb. 111)

zeigt sich jetzt etwa 40 Jahre später, gegen die Mitte des Jahrhunderts und gleichzeitig mit dem Artemision von Ephesos, bei
ABB. 39 dem Apollon-Tempel von Korinth. Die sieben stehenden Säulen, die noch die Architravbalken der einen Ecke tragen, gehören heute zu den großartigsten Ruinen Griechenlands. Zu diesem Eindruck trägt die Tatsache bei, daß es sich um monolithe Säulen handelt, d.h. daß der Säulenkörper jeweils aus einem einzigen Stück besteht. Die Höhe beträgt vier und ein Drittel untere Durchmesser. Wenn bei dieser sehr breiten Proportionierung dennoch der Bau nicht unförmig und nicht übermäßig massig wirkt, so liegt das daran, daß sich schon hier des ganzen Bauwerks eine einheitliche rhythmische Schwingung bemächtigt hat, wie sie sonst erst in der Architektur des 5. Jahrhunderts üblich wird: die ›Entasis‹, die spürbare und doch nicht übertrieben anmutende kurvige Schwellung des Säulenumrisses; die leichte Einwärtsneigung der Ecksäule, wodurch sich der Säulenkranz mit der Cella zur Einheit, zu einem plastischen

Fig. 27 – Korinth, Apollontempel, um 550 v.Chr. (H. Berve–G. Gruben, Griechische Tempel und Heiligtümer 143 Abb. 39)

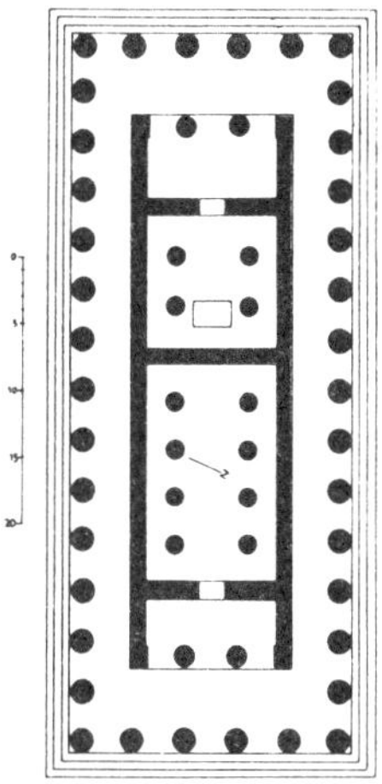

Gebilde zusammenschließt; schließlich eine besondere Durchbildung der Fundamente und des gestuften Unterbaus bei der griechisch-klassischen Architektur, die Kurvatur, die hier beim korinthischen Apollon-Tempel nur an den Schmalseiten durchgeführt wurde. Unter Kurvatur versteht man das bewußte, regelmäßige und genau berechnete Absenken der Horizontalschicht (Stylobat), die die Säulen trägt, an den Ecken und zu den Ecken hin, so daß beim Entlang-Visieren an der Stufenkante diese sich nicht als gerade Linie, sondern als regelmäßige Kurve erweist. Auch diese Durchbildung dient dem Zusammenschluß, der rhythmischen Vereinheitlichung des Baukörpers; während aber die Entasis und die minimale Einwärtsneigung der Säulen für einen aufmerksamen Betrachter unmittelbar sichtbar sind, ergibt sich die vereinheitlichende, ja sogar bestimmende Wirkung der Kurvatur nur unbewußt, nicht unmittelbar im optischen Eindruck.

Dem einheitlichen und zugleich gegliederten Aufbau entspricht ein einfacher, gegenüber den gelängten Formen der Frühzeit stark gekürzter Grundriß. Beim jonischen Tempel hatten schon die Großbauten, wie das Artemision von Ephesos, anstelle der anfänglichen Proportionen von 1:5 solche eingeführt, die den Längsseiten etwa die doppelte Länge der Schmalseiten geben. Das ist beim Tempel FIG. 27

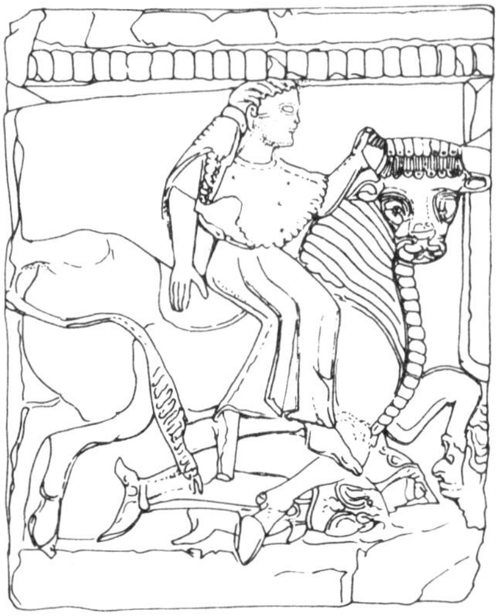

Fig. 28 – Metope mit Darstellung der Europa, Kalkstein, aus Selinunt. Um 550 v. Chr. Palermo, Museo Nazionale

in Korinth das gleiche. Auch beim dorischen Tempel fällt der
FIG. 24 grundsätzliche Unterschied in den Proportionen bei einem Ver-
FIG. 12 gleich etwa des Hera-Tempels von Olympia und des Apollon-Tempels von Thermos einerseits mit dem Apollon-Tempel von Korinth sofort auf. Nur in der Anzahl der Säulen klingt bei einem Verhältnis von 6:15 das herkömmliche Schema des in seiner Längenausdehnung betonten Tempels noch etwas nach.

Architektur und architektonisches Relief in Großgriechenland

Die dorische Architektur der griechischen Kolonien in Unteritalien und Sizilien hinkt in der Durchbildung und Entwicklung der Bauformen ein wenig nach; ebenso wie die Geschichte der statuarischen und der Reliefkunst in diesen griechischen Kolonialgebieten. Für die Architektur wird auf dieses Phänomen unten bei der Bespre-
ABB. 58 chung des Athena-Tempels von Paestum noch zurückzukommen sein. Für die Plastik mag hier daran erinnert werden, daß etwa Metopenreliefs, die in Athen, Delphi oder Korinth noch in den Beginn des 6. Jahrhunderts oder gar noch in die Nachfolge von Archi-
ABB. 8 tekturreliefs wie der Göttin mit dem Schleier aus Mykene zu datieren wären, in Großgriechenland wesentlich später anzusetzen sind. Uneingeschränkt gilt für solche Fälle der kunstgeschichtliche Grundsatz, daß stets nach der stilistisch jüngsten Einzelform zu datieren

Fig. 29 – Dorisches Kapitell einer Grabsäule, Kalkstein. Erstes Viertel des 6. Jahrhunderts v. Chr. Kerkyra, Museum (G. Rodenwaldt, Altdorische Bildwerke in Korfu, Taf. 1)

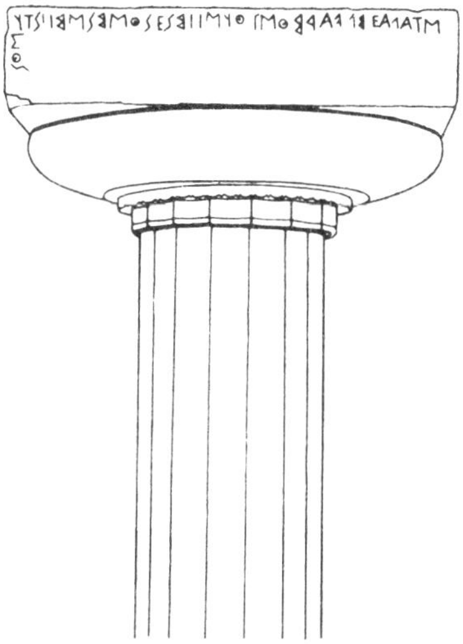

ist. So ist etwa eine Serie von Metopen, die ältesten, die in Selinunt erhalten sind, nach dem Maßstab der absoluten Chronologie keineswegs so alt, wie sie früher durchweg betrachtet wurde. Zwar er- FIG. 28
innert das Relief mit Europa auf dem Stier, das zu dieser Metopenserie gehört, durchaus an die heraldischen Kompositionen der Frühzeit, etwa an die gemalten Metopen des Tempels von Thermos. ABB. 8
Diesen Eindruck unterstreicht die strenge Stilisierung der gesamten Bildform, auch etwa die flache Vorderansicht des rechtwinklig aus der Reliefflâche herausgedrehten Stierkopfes. Aber bald bemerkt man die außerordentlich gut gelungene Charakterisierung der Schwimmbewegung der Vorderhufe des Stieres. Durch die Delphine am unteren Bildrand ist das Meer symbolisiert, über das er Europa davonträgt. Entscheidend für eine Datierung dieses zunächst so altertümlich anmutenden Reliefs in die Mitte des 6. Jahrhunderts ist jedoch die deutliche und relativ freie Faltenwiedergabe des Chitons zwischen den Unterschenkeln der vom Stier Entführten, die zaghaft sich stützend auf seinem Rücken sitzt und das rechte Horn faßt, um nicht ins Wasser abzusinken. So ist auch die lange und z. T. mit erstaunlicher Feinheit und Lebendigkeit im Detail stilisierte Metopenserie des Hera-Heiligtums von Foce del Sele bei Paestum trotz der manchmal geradezu primitiven Gesamtanlage

der Komposition der einzelnen Bilder nicht ein Zeugnis der jetzt hier besprochenen Zeit, sondern gehört weit hinein in die zweite Hälfte des 6. Jahrhunderts.

Kapitelltypen Versuchen wir aber noch einmal die eigentlichen Architekturformen dort zu greifen, wo sie am deutlichsten zu uns sprechen, in der prägnanten Gestalt der Kapitelle, die auch die Eigenart der dorischen und der jonischen Bauordnungen am klarsten erläutern. Den Prototyp des fertigen dorischen Kapitells, allerdings auf einer Frühstufe seiner Entwicklung, hat das Grabmal eines gewissen Xenvares auf der Insel Kerkyra bewahrt. (FIG. 29) Die obere Abschlußplatte des Kapitells, der Abacus, trägt die Inschrift: »Denkmal bin ich auf dem Grabhügel des Xenvares, des Sohnes von Meixis.« Die technische Funktion einer Querplatte zwischen Säule und Gebälk, die darin besteht, die gefährdete Stirnfläche eines senkrechten Balkens vor Witterungseinflüssen, besonders vor Feuchtigkeit zu schützen, gibt natürlich nur in der Holzarchitektur eine sinnvolle Erklärung für architektonische Formen. Dagegen ist es gut denkbar, daß in einer Phase des Übergangs von der Holzarchitektur zur Steinarchitektur die Säulen noch aus Holz bestanden haben, während jene Querplatten, die Kapitelle, bereits aus Stein gefertigt waren. Jedenfalls würde eine solche technische Erklärung von Kapitellformen nur für einen Teil des dorischen Kapitells, für den Abacus – und ebenso für das Volutenglied des jonischen Kapitells – zutreffen. Eine einleuchtende Erklärung für den Echinus, das unter dem Abacus liegende Polster, hat G. Rodenwaldt gegeben: er nimmt an, daß in der ursprünglichen Holzarchitektur an der Stelle, an der die Querplatte, das Sattelholz, der spätere Abacus den Balken abdeckte, das obere Ende des Balkens zwecks verstärkten Schutzes der Balkenstirn mit harzgetränkten Seilen und Binden umwickelt war. Der Echinus vermittelt formal zwischen dem eckigen, im Grundriß quadratischen Abacus und der runden Säule. Während man der breitgepreßten, weit ausladenden Gestalt der ältesten Beispiele den Druck der lastenden Massen von Gebälk und Dach ablesen zu können glaubt, erfüllen die jüngeren Formen des dorischen Echinus in anderer Weise die statischen Gesetze. Bei ihnen wird der Ausgleich zwischen ›Tragen‹ und ›Lasten‹ durch die sichtbare Span-

Fig. 30 – Äolisches Kapitell aus Klopedi auf Lesbos, Kalkstein. Mitte des 6. Jahrhunderts v. Chr. Mytilene, Museum (Annuario della Scuola Arch. di Atene 1946/48, 31 Abb. 4)

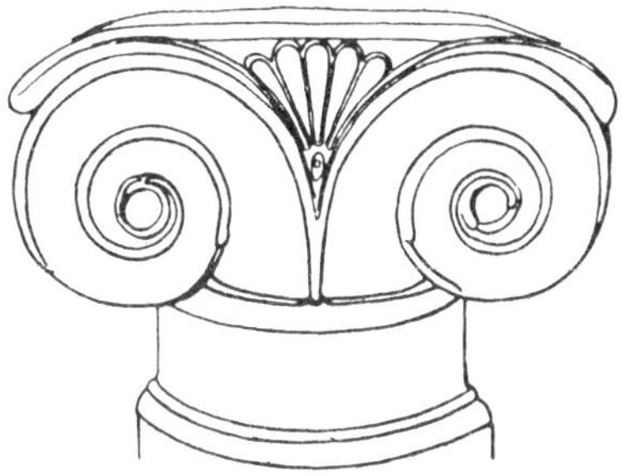

nung der konvexen Wölbung zwischen dem oberen Durchmesser der Säule und dem Abacus zum Ausdruck gebracht.

Das dorische Kapitell ist die sinnfälligste Verbildlichung dessen, was wir in der griechischen Architektur dieser Zeit unter Zuwachs an Substanz zu verstehen haben. Das jonische Kapitell, das in seiner kanonischen Form zur gleichen Zeit entstanden ist, zeigt denselben Vorgang des Übergangs von der Holz- zur Steinarchitektur in etwas verhüllterer Art. Seine Sonderform, das sogenannte äolische FIG. 30 Kapitell, ist nicht die Urgestalt des jonischen Kapitelltypus, sondern hat sich in den Ornamenten der Kleinkunst, an Gebrauchsgeräten und in der Vasendekoration entwickelt und ist von daher einmal in die Möbeltischlerei, dann aber auch in die Bautischlerei aufgestiegen. In der Architektur hat es nur in engen geographischen und zeitlichen Grenzen eine Rolle gespielt. Ganz anders verhält es sich mit dem jonischen Kapitell des kanonischen Typus. Seit seiner Entstehung in den Jahren um 600 v. Chr. war es durch alle Jahrhunderte des Altertums und in allen Teilen der alten Welt deswegen ein Gradmesser der stilistischen Veränderungen in der Architekturornamentik, weil seine komplizierteren Formen sensibler auf geschichtliche Entwicklung reagieren als die des einfacheren dorischen Kapitells. Die Voluten, die sowohl beim äolischen wie auch beim jonischen Kapitell den Eindruck bestimmen, sind charakteristisch für die jonische Ornamentik schlechthin. Möglicherweise waren solche großen Voluten schon an den Kapitellen des zweiten Hera-Tempels von Samos angebracht; aus Holz, und in Schnitztechnik gearbeitet. Die ältesten jonischen Kapitelle aus Stein, die erhalten sind, gehörten zu Weihgeschenken in den Apollon-Heiligtümern von Delos und Delphi und sind aus naxischem Marmor gearbeitet.

Fig. 31 – Grabstele, Marmor. Nach 550 v.Chr. Boston, Museum of Fine Arts (Jahrb. d. Inst. 79, 1964, 190 Abb. 48)

Sie sind, wie die ältesten dorischen Kapitelle, breit gelagert; die Verbindung der Voluten, das monumental gewordene ursprüngliche Sattelholz, ist flach; das darunter befindliche, vertikal unterteilte Polsterglied ergibt den sogenannten Eierstab, d.h. ein hängendes Zungen- oder Blattornament. Diese so gegliederte Ornamentform blieb für die jonische Architektur ebenso charakteristisch wie die großen Volutenwindungen: die durch einen solchen Blatt-Überfall verzierten Profile in der Baukunst werden deswegen als jonische Kymatien bezeichnet. Die Verbindung der gegeneinander laufenden Voluten mit einer senkrecht aus der Berührungsstelle aufwachsenden Palmette wird von den Stirnziegeln am Dachrand der großen Tempel ständig wiederholt. Zu bereicherten Bildungen führt die gleiche Ornamentsyntax bei den sogenannten Akroteren, die auf dem Dach über der Mitte der Tempelgiebel sitzen. Dort wird das Volutenmotiv meistens in mehreren Etagen über dem First in die Höhe gebaut, und Palmetten sitzen dann auch an den Stellen, an denen die Volute beginnt, sich spiralig einzurollen. Sehr ähnliche Kompositionen finden sich als Bekrönung schlanker Grabstelen. Die Stele selbst braucht kein Relief zu tragen. In einigen Fällen ist das Erinnerungsbild an den Verstorbenen nicht plastisch ausgeführt, sondern gemalt gewesen; in anderen Fällen ist das senkrechte Rechteck der Stelenfläche lediglich Träger einer meist kurzen Inschrift. Auf der oben von einer flachen Leiste, an den Seiten von FIG. 31 Rundstäben gerahmten Vorderseite einer Grabstele im Fine Arts Museum zu Boston sind nur noch schwache Spuren von Bemalung erhalten. Die Stele, die aus dem nördlichen Kleinasien stammt, ist jedoch eins der schönsten erhaltenen Beispiele für eine ornamentale Bekrönung des geschilderten Typus. Nach dem Stil, aufgrund der Konsistenz der Lotusknospe und der Palmetten, die nur wenig von langsam einsetzender Lockerung der Formen zeigen, ergibt sich eine Datierung in die vierziger Jahre des 6.Jahrhunderts. Ein

Kapitell von Samos, das zu einem der kleineren Tempel im Hera-Heiligtum gehören wird, ohne daß man es einem dieser in den Grundrissen bekannten Bauten mit Sicherheit zuweisen könnte, hat die urtümlich breiten und flachen Formen der älteren jonischen Kapitelle sehr stark umgebildet. Von flächigen Ebenen kann jetzt nicht mehr die Rede sein; das Kapitell ist ein eminent plastisches Gebilde geworden. Zwar fügen die Voluten sich noch durchaus dem Kapitellblock ein; aber die Einrollungen der Spiralen und ihre horizontale Verbindung zeigen Anspannung und kraftvolle Elastizität. Das Blatt-Ornament tritt jedoch geradezu exuberant unter dem Volutenglied hervor. Mit solchen Gestaltungen wird in der Architektur einerseits die Substanz des Materials voll zur Geltung gebracht, andererseits bis ins Letzte durch die plastische Formung beherrscht. Gestaltungen wie diese sind nur in einem kurzen Zeitmoment möglich. Sie stehen an der Grenze, auf der das Pendel geschichtlicher Entwicklung augenblickhaft stillsteht, um dann zurückzuschwingen. Das samische Kapitell zeigt die selbstgenügsame Schönheit der archaischen Reifezeit. Hinfort werden die Körper und Glieder – auch die körperlich plastischen Glieder der Architektur – gelöster, vielleicht auch beseelter erscheinen, dafür manchmal aber auch etwas leichter, etwas weniger gewichtig.

ABB. 40

IV. VOLLENDUNG: SPÄTZEIT UND AUSKLANG
(etwa 550 – 490 v. Chr.)

Die Kunst in der Zeit des Peisistratos

In Athen zeigt sich die Stilgeschichte in den fünfzig Jahren seit dem ersten Staatsstreich des Peisistratos bis zur Vertreibung seines Sohnes Hippias merkwürdig konstant und das, obwohl die politische Geschichte während dieses Zeitraumes dort doch keineswegs ohne Zwischenfälle verlaufen ist: Vertreibung und Wiederkehr des Peisistratos, sein Tod und die Nachfolge seiner Söhne in der Herrschaft, die Verbannung des reichen Adelsgeschlechts der Alkmäoni-

den und schließlich die Ermordung des Hipparchos, des einen der beiden brüderlichen Tyrannen. Aber wenn man eine der etwas überlebensgroßen attischen Kuros-Statuen des dritten Viertels des
ABB. 41 6. Jahrhunderts mit dem um etwa drei Generationen älteren Kuros
B.A. 4 in New York vergleicht, könnte man auf den ersten Blick der Ansicht sein, daß sich nichts während dieses, doch nicht gerade kurzen Zeitraums geändert habe. Aber betrachten wir die Statue im Athener National-Museum, die aus Anavyssos stammt, genauer! Allerdings zeigt sich auch dann, daß die Kraft des einmal geschaffenen Kuros-Typus über lange Jahrzehnte hin für die Bildhauer bestimmend blieb. Dennoch haben sich auf dieser vorgegebenen Grundlage die Proportionen verändert. Vor allem ist der Kopf kleiner geworden im Verhältnis zum Körper. Auch hat der Körper und haben seine Gliedmaßen organische Bewegungsfähigkeit erhalten, auch in der Ruhe sind sie angespannt. Dem entspricht es, daß die Körperanatomie stärker in organischem Sinn durchgebildet ist. Schwellender sind die Muskeln dargestellt. Der stärkste Unterschied jedoch ist das differenzierter physiognomisch durchgebildete Gesicht. Es mag ein Zufall sein, daß von der jüngeren Figur auch der gestufte Basis-Block mit einer Inschrift erhalten ist, die den Namen Kroisos für den Dargestellten nennt: jedenfalls ist sie nicht mehr anonym für uns, wie der Kuros des Dipylonmeisters es bleibt. Alle diese feinen, aber doch nicht unbeträchtlichen Unterschiede finden sich in jeder Einzelheit wieder, vor allem aber in der Bildung des Mundes und der Augen und in der zarteren, motivreicheren Stilisierung der Haare.

Eigentümlich ist der Name Kroisos, den die Basis-Inschrift nennt. Es ist wohl kein Zweifel möglich daran, daß attische Eltern – aus welchen Gründen auch immer – ihren kurz vor der Jahrhundertmitte geborenen Sohn nach dem hellenisierten König von Lydien benannt haben. Kommen nicht letztlich viele der aufgezählten Eigenheiten, die die attische Statue der zweiten Jahrhunderthälfte charakterisieren und von einer des 7. Jahrhunderts unterscheiden, ebenfalls aus dem Osten?

Lange hat man geschwankt, ob eine in der alten Hauptstadt von
B.A. 5 Samos gefundene Sitzstatue, deren Kopf leider nicht erhalten ist

und die laut einer Inschrift an der Seitenfläche des Throns von einem Aeakes der Göttin Hera geweiht ist, diesen Aeakes oder eben die Göttin darstellt. Die Wahrscheinlichkeit spricht für Aeakes, der sich in der Haltung orientalischer Herrscher und auch der griechischen Priesterfürsten im kleinasiatischen Didyma hätte darstellen lassen; weder die Haartracht mit den sechs auf die Schultern fallenden Lockensträhnen, noch die füllige Brust sind in der Nähe des Orients bei einem wohlhabenden und einflußreichen Mann entscheidende Argumente gegen diese Deutung. Das Datum dieser Statue ist sehr umstritten. Für ihre Entstehung in den vierziger und auch in den zwanziger Jahren des 6. Jahrhunderts, ja im Beginn des 5. Jahrhunderts wurden beachtliche Gründe angeführt. Zum Teil erklärt sich das wohl daraus, daß zwei Männer mit Namen Aeakes uns als historische Persönlichkeiten für Samos bezeugt sind. Der eine war der Vater, der andere ein Neffe des samischen Tyrannen Polykrates. Soviel hat die wissenschaftliche Kontroverse jedenfalls ergeben, daß auch das frühere der vorgeschlagenen Daten mit guter Begründung verteidigt werden kann, also prinzipiell möglich ist. Tatsächlich ist die Statue in den Jahren, unmittelbar bevor Polykrates – Sohn einer schon damals bedeutenden Familie – der Staatsstreich gelang, oder auch in den ersten Jahren der Tyrannis des Polykrates am besten verständlich. Daß ein sonst völlig unbekannter Aeakes, der nichts mit der Familie des Polykrates zu tun hat, die Statue geweiht hätte – wie es als eine Möglichkeit auch bereits erwogen wurde – ist wegen der guten Qualität und wegen der Aufwendigkeit der Figur recht unwahrscheinlich. Denn sie stellt in jedem Fall einen Vorstoß in das traditionelle Formengefüge der jonischen Kunst dar, der allerdings einhergeht mit betontem Bewahren eines im Orient ausgebildeten Statuentypus. Diese Feststellung ist kein Widerspruch in sich selbst, sie stützt vielmehr die Verbindung der Statue mit der bestimmten historischen und geographischen Situation und auch mit der bestimmten Persönlichkeit, die hier dargestellt ist.

Bei einem Vergleich des Aeakes mit dem ebenfalls samischen Standbild der Ornithe scheint zunächst der stilistische Unterschied, zu dem es in knapp zwanzig Jahren gekommen sein müßte, fast größer ABB. 27

zu sein als der, den wir zwischen dem Kuros in New York und der Kroisos-Statue beobachtet haben. Anstelle der gleichmäßig mit Falten überzogenen Oberfläche der Ornithe-Statue jetzt eine stark modellierte, lebhaft bewegte Oberflächengestaltung: die Unterschenkel zeichnen sich deutlich durch das Gewand ab, Faltenbündel sind zusammengeschoben, die Haarsträhnen – bei der Ornithe einheitlich kompakt – sind voneinander gelöst. Beibehalten ist dagegen die vertikale Tendenz in den Kompositionslinien der Figur. Merkwürdigerweise ist aber die Sitzstatue des Aeakes trotz all dieser Auflockerungserscheinungen kein in höherem Maße ›naturalistisch‹ konzipiertes Bildwerk. Denn die einzelnen, mehr und mehr aus dem statuarischen Block und aus der einheitlichen Fläche gelösten Bildelemente sind, jedes einzelne, einer viel absoluteren Stilisierung unterworfen. Solche Kühnheit in der künstlerischen Gestaltung ist Zeugnis eines individuelleren künstlerischen Temperaments; wie auch die Eigenwilligkeit der Formensprache als Zeichen individueller Darstellungswünsche des Aeakes gewertet werden kann. Nicht in Attika – und auch nicht auf der Peloponnes – hätte ein Mitglied einer der alteingesessenen Adelsfamilien sich in so expressiven Stilformen darstellen lassen; nirgends in Attika haben sich aber auch die Künstler und bis ins 5. Jahrhundert hinein so unkonventioneller Darstellungsmittel bedient. Dennoch wurde durch solche und ähnliche Kunstwerke in Gesamtgriechenland eine Veränderung hervorgerufen, die sich in einer psychologisch nuancierteren, individuelleren Prägung vor allem des Gesichtes manifestiert. Das ließ sich schon bei dem Kroisos aus Anavyssos beobachten. Das zeigt

RELIEF

sich auch bei den gleichzeitigen Grabreliefs. Begegnen doch jetzt bezeichnenderweise in Attika die oben erwähnten Ausnahmen von der Regel, daß die archaischen Grabreliefs sich auf die schlanken, aufrecht stehenden Stelen beschränken und im allgemeinen nur männliche Gestalten darstellen. Die wichtigste, weil in der Zukunft wirksamste dieser Ausnahmen ist ein erst vor wenigen Jahren entdecktes Marmorfragment, das zu den interessantesten, aber auch stimmungsvollsten Stücken des Museums in Athen gehört. ABB. 42

Auch bei dieser Reliefstele übertraf ursprünglich die Ausdehnung in der Höhe die Breite, doch wird man sie gewiß nicht so schmal und hoch ergänzen dürfen wie die Stelen mit den jugendlichen Athleten. Dargestellt sind Mutter und Kind; ihre Köpfe sind auf dem Fragment erhalten. Das Gesicht der Mutter ist ganz leicht geneigt, ihr Blick ruht auf dem Antlitz des Söhnchens, dessen Kopf sie mit ihrer linken Hand stützt. Offenbar war sie sitzend gebildet und hielt den kleinen Knaben auf dem Schoß. Ihr Mantel umhüllt beide Gestalten: Gemalt erscheint er auf dem Reliefhintergrund zwischen Mutter und Sohn, mit dem oben abschließenden, ehemals buntfarbig gegebenen Zinnenmäander-Ornament des Saumes; schräg verlaufend und mit plastisch wiedergegebenem Saum erscheint er auf dem Handrücken wieder. So wird die Gruppe äußerlich durch das Kleidungsstück zusammengeschlossen, innerlich durch das Band der Liebe und des Blutes. Denn davon wird etwas sichtbar in der behutsamen Gebärde, mit der die feingliedrigen Finger und die Handfläche zart den Kinderkopf anheben, der selber ohne eigene Bewegungskraft ist. Seine Augenlider – ursprünglich noch durch Bemalung verdeutlicht – sind geschlossen, das Auge kann den Blick der Mutter nicht mehr erwidern. Doch das Lächeln, das um seine Lippen spielt, – zeugt es von der Vorstellung des Einbezogen-Seins in eine glücklichere Traumwelt oder nur von dem beseelten Glücksgefühl, das, wenn nicht allen, so doch sehr vielen Schöpfungen gerade dieser Stilphase der archaischen Kunst eigen ist?

Auch stellt sich die Frage, ob Einzelheiten des Reliefstils darüber Auskunft geben können, von welcher griechischen Landschaft her diese eigentümliche Gruppenkomposition, die im damaligen Athen völlig vereinzelt steht, eingeführt wurde. Wir sind nicht imstande, diese Frage zu beantworten. Obwohl das Gesichtsprofil des Kindes an den einen oder den anderen Kopf auf einigen der sehr seltenen jonisch-schwarzfigurigen Vasen erinnert, ist doch eine attische Schöpfung nicht auszuschließen. Die Form des Ohres und die technische Herrichtung des aufgerauhten, zur Aufnahme der Farbe vorbereiteten Haares hat ebenfalls attische Parallelen. So mag man getrost, und vor allem auch nach einem Vergleich mit den allerdings viel kleineren Figuren attischer Reliefbasen, an einheimische Arbeit glauben. Als solche würde das Relief, ein ganz vereinzelter

Vorläufer, die lange Reihe der attischen Grabreliefs mit Familienbildern einleiten, die von etwa 420 bis 310 v. Chr. das übliche Monument auf den athenischen Gräbern waren. Eins dieser späteren Reliefs, das der Ampharete, kommt im Gehalt unserem Fragment sehr nahe. Dort handelt es sich um ein Denkmal, das das Grab einer bejahrten Frau und ihres Enkelkindes bezeichnet. Dort werden wir durch eine Inschrift über die inhaltliche Bedeutung des Reliefs unterrichtet: »Ampharete. – Das liebe Kind meiner Tochter halte ich hier. Als wir beide die Strahlen der Sonne mit Augen schauten im Leben, hielt ich es so auf den Knien und halte nun tot auch das tote.« Ob sich vielleicht auch über dem archaischen Relief einmal eine Inschrift befand, die über die verwandtschaftliche Beziehung der beiden Gestalten, über ihr Schicksal, über ihren Tod eine Mitteilung machte? Denn jetzt setzen in Attika etwas ausführlichere Grabepigramme ein, die nicht mehr nur so lakonisch kurze Auskunft geben wie die Grabsäule des Xenvares. Als ein Beispiel

FIG. 32 sei das Epigramm der Phrasikleia herausgegriffen:

Grabmal der Phrasikleia.
Jungfrau werde ich heißen
Für immer; denn anstatt der Hochzeit
Wurde durch Gottes Ratschluß
Dieser Name mein Los.

Schriftformen

Nicht nur in ihrem Inhalt, sondern auch in ihren Schriftformen sind die Epigramme vollgültiges Zeugnis für die Geschichte und die Kunstgeschichte ihrer Zeit. So können wir eine Entwicklung ver-
FIG. 29 folgen, die von den altertümlich schweren Buchstabenformen der Xenvares-Inschrift – diese mit Lettern geschrieben, die den korin-
FIG. 32 thischen nächstverwandt sind – über die etwas lässig und nicht ganz selbstsicher geschriebene Phrasikleia-Inschrift – diese in attischem Alphabet – zu einer Inschrift-Basis führt, die ein samischer
FIG. 36 Bildhauer für einen im vorletzten Jahrzehnt des 6. Jahrhunderts in Athen verstorbenen Samier mit samischen Buchstaben beschriftet hat.

Inschrift und Ornament

Schriftzeichen lassen sich – wenn man nicht auf den Inhalt, sondern auf die ›Handschrift‹, den Schriftduktus das Augenmerk richtet – als Ornament auffassen. So sind sie vor allem auch von den Vasen-

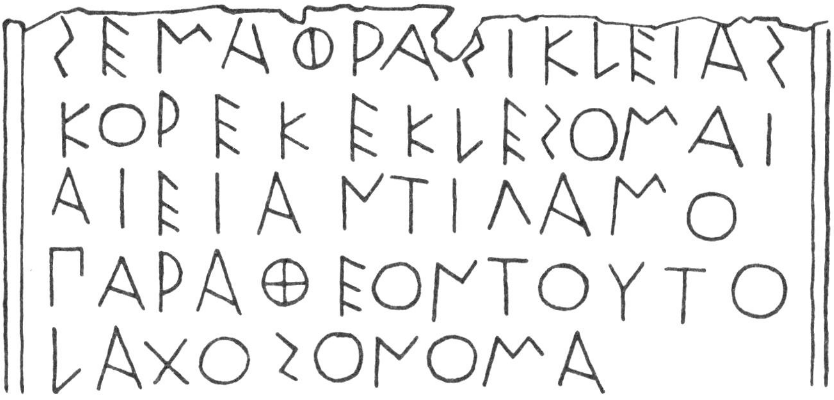

Fig. 32 – Inschrift vom Grabpfeiler der Phrasikleia, Marmor, aus Attika. Um 540 v. Chr. Merenda (Panagia) (L. H. Jeffery, The Local Scripts of Archaic Greece Taf. 3 Nr. 29)

malern dieser Zeit verwendet worden. Und so kommt es schließlich auch dazu, daß von einigen Vasenmalern sinnlose Buchstabenreihungen, die inhaltlich nichts bedeuten, in den Bildern als damals ›modernes Füllornament‹ zwischen die Figuren gesetzt wurden. Zugleich wird aber auch durch diese Phänomene erwiesen, daß jetzt der Ornamentik eine größere Anzahl von motivischen Möglichkeiten zur Verfügung stehen als früher. Der klarste Gegensatz ist die enge motivische Einseitigkeit der *geometrischen* Ornamentik mit den wenigen Typen des Mäanders, der konzentrischen Kreise, der Dreiecke, Rauten und Zickzackbänder. Gewiß bleiben auch jetzt die überkommenen Motive von Voluten, Palmetten, Lotusband und Blattstab das Reservoir, aus dem hauptsächlich geschöpft wird. Daneben gibt es aber freiere ornamentale Bildungen, vorwiegend aus dem vegetabilen Bereich, Blüten und Ranken. Vor allem wird jedoch der Darstellungscharakter in allen Kunstgattungen mehr zum Ornamentalen hingebogen. Das ist wohl die Folge eines jetzt sich langsam ankündigenden Mangels an innerer Größe der figürlichen Bilder und aller Kunstschöpfungen überhaupt. Sie neigen sich der ›Märchenwelt‹ der spätarchaischen Epoche zu. Die

Erschließung neuer Bereiche wird mit einem Verlust an ›Gewichtigkeit‹ erkauft. Dafür nimmt der dekorative Wert der Kunstwerke, ganz besonders aber der Schöpfungen der Kleinkunst, zu.

KLEINKUNST Unter diesen Voraussetzungen kann es nicht wunder nehmen, daß seit etwa 540 v. Chr. bis zum Ende der archaischen Zeit die Kleinkunst für uns im Vordergrund des Interesses steht. Gegenstände des täglichen Gebrauchs, Geräte aller Art, Bronze- und Tonstatuetten, figürliche Gefäße und andere, aus Ton und Metall, sind in diesem Zeitraum als kunstgeschichtliches Zeugnis ebenso repräsentativ wie Tempel und Statue. Sie können sich jetzt auch einer in Generationen kunsthandwerklicher Übung im Technischen gewonnenen Vollendung bedienen. Dazu werden weitere technische Möglichkeiten entdeckt und mit Versuchen ihrer Anwendung experimentiert. Doch bleibt es auch für diese Spätphase der archaischen Vollendung kennzeichnend, daß niemals die technische Virtuosität oder gar das technische Experiment stilbestimmend wird, auch jetzt noch ist es lediglich beherrschtes Mittel zum Zweck.

Bronzeguß Geradezu stürmisch ist die Entwicklung des Bronzegusses. Nach wie vor arbeiteten die produktivsten Gußwerkstätten auf der Peloponnes. Aber auch Athen war fruchtbar. Auf Samos wurde das neue technische Verfahren des Hohlgusses entwickelt und wurden Versuche mit verschiedenartigen Metall-Legierungen angestellt. Auch in Böotien, auf Ägina, auf Naxos und wohl auch an anderen Orten gab es Werkstätten. Hervorragend in ihrer künstlerischen Qualität sind die Erzeugnisse der Kolonialstädte in Unteritalien und Sizilien. Offenbar haben korinthische Bronzegießer Werk-

ABB. 44 – Kentaur, Bronze. Um 540 v. Chr. *Höhe 35 cm. New York, Metropolitan Museum. Vgl. S. 153*

ABB. 45 – Kesselhenkel in Gestalt von Schwänen, Bronze. 540–530 v. Chr. *Höhe ohne Ringe 6,8 cm. Cambridge, Fitzwilliam Museum. Vgl. S. 154*

ABB. 46 – Relief vom Hals des Kraters von Vix, Bronze. Um 530 v. Chr. *Gefäßhöhe 1,64 m. Châtillon-sur-Seine. Vgl. S. 154 f.*

44

47

48

49

stätten in Syrakus, spartanische eine Werkstatt in Tarent gegründet, Bronzegießer von den Inseln sind in die jonischen Kolonien gekommen und haben sich dort niedergelassen.
Man kann sich heute keine Vorstellung mehr davon machen, wie groß der Verbrauch von Metallgefäßen war. Für den täglichen Bedarf waren sie den Tongefäßen wegen ihrer geringeren Zerbrechlichkeit weit überlegen. Allerdings waren sie teurer als unbemaltes Tongeschirr; wogegen keramische Ware mit Bemalung wahrscheinlich sehr viel kostbarer war als einfaches Metallgeschirr. Solche Metallgefäße jedoch, die kunstvoll getrieben und mit Ornamenten verziert waren oder die gegossene Appliken, figürliche Henkel und einen sorgfältig ornamentierten Fuß oder Standring hatten, kamen an Kostbarkeit den qualitätvoll bemalten Tonvasen mindestens gleich. Während nun von den tönernen Gefäßen zumindest ihre Scherben, die man nicht ein zweites Mal wiederverwenden konnte, in großer Zahl erhalten sind, wurde das Metall in langen Kulturzeiträumen zu wiederholten Malen eingeschmolzen. Der ursprüngliche Bestand ist daher in viel höherem Maße dezimiert. Bei denjenigen Metalltöpfen, -kesseln, -kannen und -schalen, die dennoch irgendwann in die verhüllenden Erdschichten gelangten, sind fast immer die dünnwandigen, getriebenen Gefäße selbst in der Erdfeuchtigkeit so sehr veroxydiert, daß die Gefäßwandung als solche gänzlich vergangen ist und nur die massiven, gegossenen Teile – Henkel, Mündung, Standring, aufgelötete Reliefs – erhalten blieben. Außer solchen, strukturell zum Gefäße gehörigen Teilen gab es manchmal noch weitere Zufügungen, die – besonders bei kostbaren Weihgeschenken – den Wert der Gabe noch erhöhen sollten.

ABB. 47 – Widdertragender Hermes, Bronze. 530 bis 520 v. Chr. *Höhe 25 cm. Boston, Museum of Fine Arts. Vgl. S. 156*

ABB. 48 – Bronzestatue des Apollon, Ausschnitt. Um 520 v. Chr. *Höhe 1,92 m. Athen, Nationalmuseum. Vgl. S. 161*

ABB. 49 – Tonteller von dem Maler Lydos. Vor der Mitte des 6. Jahrhunderts v. Chr. *München, Antikensammlungen. Vgl. S. 164*

So gab es etwa schon im 8. und 7. Jahrhundert Statuetten, die die Henkel großer Gefäße, an die sie angenietet waren, stützten; oder Bronzefiguren als Deckelgriff; oder quer über einen Teil der Gefäßmündung gelegte Stege, denen einzelne oder mehrere Figuren aufgelötet waren. Vielleicht stammt auch der Kentaur des Metropolitan Museum in New York vom Rand eines Kessels. Es ist auch denkbar, daß er sich ursprünglich an einem Möbelstück, an einem Thron oder an einer Kline, befand oder daß er einen mit Bronze beschlagenen Kasten zierte. Sicheres läßt sich über seine Anbringung also nicht aussagen. Doch ist nahezu sicher, daß er in irgendeinem tektonischen Zusammenhang, an einem Gefäß oder Gerät, Verwendung gefunden hatte; sehr unwahrscheinlich ist es, daß mit dieser Figur ursprünglich ein selbständiges kleines Weihgeschenk gemeint war, und ausgeschlossen ist es, daß die Statuette für sich, als selbständiges Zierstück in einem Privathause Aufstellung gefunden hätte: dergleichen ist erst für das 4. Jahrhundert belegt. Dagegen wird man annehmen dürfen, daß auch in dem Sinne die Statuette nicht als autark aufzufassen ist, als man dem mit einem abgerissenen Ast bewehrten Pferdemenschen, der mit einem Galoppsprung heransetzt, gewiß einen Gegner zuordnen muß. Er war demnach wahrscheinlich Teil einer Gruppe, die aus mindestens zwei Gestalten bestand. Möglich wäre auch die Erklärung einer solchen Gruppe als eine Art Ausschnitt aus der figurenreichen ›thessalischen Kentaurenschlacht‹, wie sie damals als mythologisches Motiv auf attischen Vasen und kykladischen Bronzereliefs beliebt ist. Dann würde es naheliegen, bei unserer Statuette an einen Gegner des Kaineus zu denken: dieser war ein unverwundbarer Heros, der nur dadurch kampfunfähig gemacht werden konnte, daß zwei Kentauren ihn mit starken Schlägen lebendig in den Boden rammten. Die entschlossene Wucht, mit der unser Kentaur seine Waffe schwingt, würde gut zu dem Thema dieser bestimmten Kampfgruppe passen. Als Entstehungszeit werden die Jahre um 540 v. Chr. vorgeschlagen; das Gesicht und die Brust haben in ihren Formen noch viel von der älteren Festigkeit bewahrt, das Neue an dem kleinen Bildwerk ist die gelungene plastische Gestaltung des kühn bewegten Pferdekörpers. Die Ausfüh-

ABB. 44

rung der Arbeit ist wohl peloponnesisch, vielleicht argivisch.
Etwas jünger als der Kentaur ist ein Paar bronzene Henkel, die je aus einem Ring bestehen und aus einem Wasservogel, der mit zurückgebogenem Kopf den Ring hält. Der Vogelkörper – für eine Ente erscheint der Hals zu lang, für einen Schwan aber fast etwas zu kurz – war mit je drei Nieten an der leicht gewölbten Wandung eines bauchigen Gefäßes, wohl eines Kessels, befestigt. Wenn man diese Tiere mit den geschlossenen Formen der tönernen Ente des Berliner Museums vergleicht, möchte man bei den Bronzehenkeln lieber von Schwänen sprechen und damit der grazilen Gelöstheit in jedem einzelnen Detail der Formung des Kopfes und der Federn gerecht werden. Das Gefäß, zu dem die Henkel gehörten, und damit auch die Henkel, könnten attisch sein. ABB. 45

Gleicher oder wiederum wenig jüngerer Entstehungszeit ist ein großes Bronzegefäß, das zu dem erstaunlichsten Grabfund gehört, der in letzter Zeit gemacht wurde. Es handelt sich um das Grab einer keltischen Fürstin, das in Nordostfrankreich, bei dem Orte Vix, aufgedeckt wurde. Die Grabbeigaben befinden sich jetzt im Museum von Châtillon-sur-Seine. Neben einem ganzen Wagen, der demontiert mitbeigesetzt war – dieser einheimisch keltischer Arbeit – fanden sich in dem Grab Importstücke griechischer Provenienz. Eine tönerne Trinkschale, die mit einer Kampfdarstellung in schwarzfiguriger Malweise bemalt ist, und einige einfachere Metallschalen überragen kaum den Durchschnitt. Eine andere Schale, die aus Silber gearbeitet ist und deren Zentrum im Inneren mit einem Goldblech überdeckt ist, leitet dagegen schon zu den kostbareren Grabbeigaben über. Fibeln, die an der Kleidung getragen wurden, Armbänder und Ringe gehören zum Schmuck der Bestatteten. Ein einzigartiges Stück ist ein schweres goldenes Diadem, das bei der Aufdeckung des Grabes den Schädel umfing. Es endet beiderseits in einen plastisch modellierten Tierfuß, der seinerseits auf je einer regelmäßig birnenförmig gestalteten Verdickung aufruht. Angefügt sind zwei aus Filigran gearbeitete Sockel, die je die Statuette eines geflügelten Pferdes tragen – alles aus 24karätigem Gold. Aber noch erstaunlicher ist das riesenhafte Bronzegefäß mit zwei an ihrem oberen Ende zu Voluten eingerollten ABB. 46

Henkeln – ein sogenannter Volutenkrater – und mit einem Siebdeckel versehen. Denn allein das Gewicht des verwendeten Metalls beträgt 280 kg und 600 g und das Fassungsvermögen dieses Kraters sind nicht weniger als 1 200 Liter. Ein so großes Bronzegefäß, wie es die Gunst der Erhaltungsbedingungen in dem Grab von Vix bewahrt hat, war bisher nicht bekannt. Die spezielle Form, der Typus dieses Gefäßes, wurde in der Antike mit ›lakonischer Krater‹ (krater lakonikos) bezeichnet. Auch sind die zahlreichen Ornamente, die Relief-Appliken am Gefäßhals und an den Henkeln in lakonischem Stil gearbeitet, und zwar in einer etwas weicheren, differenzierteren Spielart, die man als die einer großgriechischen Filialwerkstatt in Tarent erkannt hat. Betrachten wir eins der am Halse angebrachten Reliefs, ein Viergespann, genauer! Trotz der übergroßen Ausmaße des Kraters zeigt die Reliefarbeit an keiner Stelle Plumpheit oder Härte. Die Applik ist aus der Form gegossen und dann auf ihrer ganzen Oberfläche in Kaltarbeit so übergangen, daß an keiner Stelle die Gußhaut stehengeblieben ist. Daher die technische Vollendung, daher die Anmut und Unmittelbarkeit des Eindrucks, der nirgends durch irgendwelche Spuren, die sichtbar an den technischen Herstellungsprozeß erinnern, gestört werden kann.

Die acht Viergespanne mit behelmten Wagenlenker, die als ein Fries den Hals des Kraters umziehen, wird man sich nicht als den Aufbruch zur Schlacht vorzustellen haben, obwohl jedem der Gespanne ein schwerbewaffneter Krieger folgt. Vielmehr erinnert diese Prozession zu sehr an die Trauerzüge der geometrischen Vasen, als daß man nicht auch hier zuerst an das Gefolge eines ehrenvollen Leichenbegängnisses denken würde. Damit wäre dann angenommen, daß das ganze Gefäß bereits im Hinblick auf einen sepulkralen Zweck hergestellt worden wäre.

Die Qualität der Reliefs an dem Bronzekrater von Vix ist derart, daß in dieser Hinsicht sogar eine sehr gut gearbeitete Bronzestatuette in Boston etwas zurücksteht. Die Zuweisung der Statuette an eine Gießerwerkstatt in Sikyon besteht wahrscheinlich zu Recht: sicher ist diese Bronze in ihrer plastischen Struktur dem Kentauren in New York verwandter als den Viergespannen von Vix. Dargestellt ist Hermes, als Gott der Herden, einen kleinen Widder tragend. Der Hut und vor allem die Flügelschuhe charakterisieren den Gott; ursprünglich hielt die Rechte offenbar auch noch den Hermes-Stab, das Kerykeion. Das Gesicht erinnert am meisten in Aufteilung und Modellierung an das des Kentauern in New York, zugleich wird dabei der zeitliche Abstand deutlich: die Hermes-Figur ist die jüngere. In solchen kleinen, minuziös und präzis durchgearbeiteten Statuetten gaben damals in der nordöstlichen Peloponnes die Bronzebildner ihr Bestes. Ein bis zwei Jahrzehnte später bekam der bekannteste Meister des damaligen Sikyon fern seiner Heimat einen repräsentativen Auftrag: er sollte das Kultbild für den Tempel des Apollon Philesios in Didyma gießen. Es gibt zwar Nachklänge dieses sicher weit überlebensgroßen Bildwerks. Sie führen jedoch kaum über die Erkenntnis hinaus, daß die Statue den Kuros-Typus zugrunde legt und nur insofern bereichert, als die linke Hand Pfeil und Bogen, die rechte – sehr merkwürdig – einen Hirsch hält. Diese Andeutungen über das Aussehen der Statue, wie sie einige Bronzestatuetten und ein Marmorrelief der römischen Kaiserzeit geben, werden bestätigt durch die Beschreibung, die Plinius in seiner ›Naturgeschichte‹ (34, 75) von dem Apollon Philesios des Kanachos gibt. Natürlich vermögen alle diese Anhaltspunkte und Hinweise über den Stil dieses Kultbildes doch nicht sehr viel auszusagen. ABB. 47

GROSSBRONZEN

Bei dieser Lage der Dinge ist es kaum übertrieben davon zu sprechen, daß uns vor einigen Jahren ein Wunder beschert worden ist. Im Piräus, also in der Hafenstadt Athens, stieß man bei Straßenarbeiten im Sommer 1959 zufällig auf mehrere griechische Bronzestatuen, die wahrscheinlich dort einmal im 1. Jahrhundert v. Chr. für einen Schiffstransport nach Italien bereitgelegt waren, aber bei ungünstigen Zeitverhältnissen in Vergessenheit gerieten, verschüttet wurden und bis heute verschollen blieben. Unter diesen Statuen befindet sich ein nackter Apollon, etwas überlebensgroß, der um ein halbes Jahrhundert älter als der berühmte ›Wagenlenker von Delphi‹ und damit die älteste griechische Großbronze ist, die wir bislang besitzen. Und zwar ein ›Original‹, keine Kopie römischer Zeit! Auch diese Statue hielt ursprünglich in der linken Hand den

ABB. 48 Bogen, in der rechten dagegen die Spendeschale zur Darbringung eines Opfers. Immerhin ist das Motiv dem des Apollon Philesios ähnlich. Nur ist die neugefundene Figur um etwa 10 Jahre früher zu datieren als das Meisterwerk des Kanachos. Dafür ist der landschaftliche Umkreis, dem beide Werke entstammen, wahrscheinlich der gleiche: die Nachbarstädte Korinth und Sikyon in der nordöstlichen Peloponnes. Wir sind also jetzt imstande, uns von dem Stil des vielleicht in seinen absoluten Maßen etwas größeren und in seiner Erscheinung wohl noch großartigeren Kanachos-Werkes eine Vorstellung zu machen. Eine gewisse Schwere in den einzelnen Formen, ja eine Schwermütigkeit im Ausdruck findet in technischen Beobachtungen eine, selbstverständlich nur teilhafte Erläuterung. Es muß nämlich in den ersten Jahrzehnten der Entwicklung des großformatigen Hohlgusses eine relativ enge Verwandtschaft im Technischen und daher bis zu einem bestimmten Grad auch im Formalen bestanden haben zwischen dem Gußverfahren und der Holzschnitzerei. Schon für den Wagenlenker von Delphi und andere Bruchstücke früher Großbronzen hatte man feststellen können, daß das Gußmodell nicht aus Ton, sondern aus Holz hergestellt wurde. Von Kanachos berichtet zudem die Überlieferung, daß er zwar die Statue des Apollon Philesios aus Bronze, sein anderes Hauptwerk jedoch, die Statue des Apollon Ismenios in Theben, aus Zedernholz gearbeitet habe. Tatsächlich erinnert nun auch bei der Statue aus dem Piräus die harte Form von Kinn und Kiefer, der Schnitt der Oberlider und vor allem die wenig aufgeteilte, unziselierte Wiedergabe der Haarlocken an die Schnitztechnik. Unschätzbar ist aber die Bronzestatue deswegen, weil sie das einzige im Original erhaltene spätarchaische monumentale Bildwerk aus peloponnesischem Gebiet darstellt. Aus den Gründen, die oben dargelegt wurden, sind in der spätarchaischen Zeit monumentale Skulpturen eher selten. Trotzdem sind wir für Attika durch die Funde auf der Akropolis von Athen verhältnismäßig gut daran. Zeugnis dafür sind etwa die überlebensgroße Korenstatue, die der Töpfer Nearchos auf die Akropolis geweiht hatte und die von der Hand des Bildhauers Antenor gearbeitet ist, und der Gigantenkampf-Giebel des peisistratidischen Athenatempels; dazu kommen andere Tempelgiebel wie die des Apollontempels von Delphi und der zum mindesten attisch beeinflußte Amazonen-Giebel des Apollontempels von Eretria; ferner Grabmonumente wie der etwa 30 Jahre nach dem Kroisos ebenfalls auf einem Grab in der Nähe von Anavyssos aufgestellte Jüngling Aristodikos. Dagegen sind wir für die Peloponnes einzig und allein auf die Apollon-Statue aus dem Piräus angewiesen. Damit ist nicht nur die unmittelbare Vorstufe für die Kunst der berühmten peloponnesischen Bildhauer aus dem Übergang von der archaischen zur klassischen Periode, wie etwa Kanachos und Hageladas, greifbar, sondern es wird auch einiges Licht gerade auf das Kunstzentrum geworfen, das mit einer selbständig entwickelten härteren, einfacheren und schwereren Struktur in Athen den jonischen Einfluß abdämmt und dort zu Anfang des 5. Jahrhunderts selber einen Einfluß ausüben wird. Schließlich handelt es sich um die Keimzelle, der nach zwei bis drei Generationen auch die Kunst Polyklets entwächst.

VASENMALEREI

Die Vasenmalerei gibt, wie für den gesamten archaischen Zeitraum, auch für die Phase der reifen Vollendung zahlreiches und ein im Hinblick auf die kunstgeschichtliche Entwicklung lückenloses Material; allerdings – das wurde oben schon betont – nur für Athen. Das Bild der attischen Töpferei bestimmen jetzt Exekias und Amasis.

Der Werkstattbetrieb als Gattung, die Werkstatt-Traditionen, das Hinüberwechseln eines Vasenmalers von einer Werkstatt in die andere, die Rivalität der einzelnen Werkstätten untereinander – das sind die soziologischen Voraussetzungen, unter denen sich die Meisterleistungen der schwarzfigurigen und der rotfigurigen Keramik in der Blütezeit dieser Techniken vollziehen. Die Voraussetzungen als solche gelten wohl auch schon für die geometrische Periode. Aber wahrscheinlich ist damals eine Arbeitsteilung der innerhalb der gleichen Werkstatt Tätigen, ist eine Spezialisierung, eine Trennung der Maler von den Töpfern noch nicht üblich gewesen. Bezeugt wird uns eine derartige Scheidung zuerst durch die Signaturen des Ergotimos und Klitias. Daß dann Exekias und daß wahrscheinlich auch Amasis die von ihnen geformten Gefäße wieder selber bemalten, haben wir bereits erwähnt.

Aber vergegenwärtigen wir uns zunächst die Situation, die Exekias und Amasis in diesem Kunstzweig vorfanden, als sie selber jung waren. Den Stil des Klitias in seinen einerseits etwas kleinteiligen, etwas pedantischen, andererseits ebensowohl großartigen Schöpfungen haben wir bereits kennengelernt. Klitias hat in der Zeit, in
ABB. 34 der Nearchos den Aryballos mit Pygmäen und Kranichen bemalte, auf einen kleinen Ständer, auf ein Gerät, das vielleicht zum Abstützen einer zarten Trinkschale bestimmt war, ein Gorgonenhaupt gemalt und dieses Bild auch signiert. Vielleicht würden bei diesem Bilde Kenner auch ohne die Signatur den Stil des Klitias erkannt haben. Denn der charakteristische Strich und eben jene etwas kleinteilige, jene sehr feine, aber auch etwas pedantische Art machen sich auch hier deutlich bemerkbar. Völlig anderer Art dagegen ist
ABB. 49 ein Gorgoneion, das zwar in den gleichen Jahren, aber von anderer Malerhand auf einen flachen Teller gemalt wurde. Der Teller ist
Lydos nicht signiert, aber der Maler läßt sich durch Stilvergleich bestimmen. Es ist ein jüngerer Zeitgenosse des Klitias, ein älterer Zeitgenosse des Exekias, der sich Lydos nennt. Zwar ist auch bei Lydos die dämonische Wildheit der Gorgo, wie sie auf dem Giebel von
B.A. 18 Kerkyra dargestellt ist, trotz der fletschenden Hauer, trotz der Zufügung des Bartes, deutlich gemildert. Aber ebenso deutlich zeigt der Teller die Fähigkeit und die bewußte Absicht des Lydos, großfigurig zu malen. Denn der Teller hätte sich auch mit demselben Motiv in einer anderen Kompositionsform dekorieren lassen: das Gorgonenhaupt als verhältnismäßig kleines Mittelemblem gerahmt von einer Friesdarstellung, eventuell diese noch in mehrere Zonen aufgeteilt. Wirklich gibt es Teller in diesem Dekorationstypus: zwei Exemplare, von der Hand des Sophilos bemalt, sind erhalten. Kli-

ABB. 50 – Dionysos und Komasten. Lekythos des Amasis. 550–540 v. Chr. *Athen, Kerameikosmuseum. Vgl. S. 167*

ABB. 51 – Achill und Aias beim Brettspiel. Bauchamphora des Exekias. Um 530 v. Chr. *Höhe 61 cm. Vatikanische Museen. Vgl. S. 171*

ABB. 52 – Wettreiten. Bild auf der Rückseite eines chalkidischen Deckelkraters. Drittes Viertel des 6. Jahrhunderts v. Chr. *Gefäßhöhe 42 cm. Würzburg, Martin von Wagner-Museum. Vgl. S. 168*

50

51

53

54

55

tias geht, wie wir bereits gesehen haben, in den Fußstapfen des Sophilos. Aber Lydos weigert sich, in die des Klitias zu treten. So verliert sich diese Spur noch vor der Mitte des Jahrhunderts, als Lydos mit ein paar seiner Zeit- und Zunftgenossen eine andere Tradition begründet, von der z.B. auch Nearchos auf einigen seiner Bilder nicht unbeeinflußt geblieben ist. Einer dieser Zeitgenossen des Lydos, wohl nicht Lydos selber, sondern ein anonymer Maler, der einen auf die Akropolis geweihten Kessel mit Streitwagen und mit einer Reiterschlacht bemalt hat, war vielleicht der Lehrer des Exekias. Doch hat der Schüler schon bald den Lehrer weit übertroffen.

Exekias

Dreierlei läßt den Exekias innerhalb der ganzen griechischen Vasenmalerei als einzigartig erscheinen. Er hat zum ersten Male Sagendarstellungen, also ein in der Zeit sich entwickelndes Geschehen, eine Aktion, in dem für die künstlerische Gestaltung fruchtbaren Moment erfaßt und innerhalb einer vierseitigen Begrenzung jedes zugehörige Detail an seine feste Stelle gesetzt. Damit war die abendländische Bildform, wie wir sie heute noch kennen, geschaffen. Er hat zweitens in einigen seiner Bilder diesem fruchtbaren Moment eine Zuspitzung, eine tragische Note gegeben derart, daß die fortlaufende Erzählung geradezu dramatische Steigerung erfährt, von Höhepunkt und Absturz kündet. Und er hat drittens, wiederum nur in einigen seiner Bilder, eine so starke innere Konzentration erreicht, daß nicht eine äußere Handlung, sondern das seelische Geschehen das Bild bestimmt und im Bild zur Anschauung gebracht wird.

Die Vasenbilder der geometrischen Periode beziehen sich, soweit wir darüber etwas mit Sicherheit aussagen können, auf Ereignisse

ABB. 53 – Seefahrt des Dionysos. Innenbild einer Schale des Exekias. Um 530 v. Chr. *München, Antikensammlungen. Vgl. S. 170 f.*

ABB. 54 – Hera und Athena im Gigantenkampf. Vom Fries des Siphnierschatzhauses, Marmor. Vor 525 v. Chr. *Höhe 63 cm. Delphi, Museum. Vgl. S. 172 ff.*

ABB. 55 – Terrassenmauer im Apollon-Bezirk von Delphi. Drittes Viertel des 6. Jahrhunderts v. Chr. *Vgl. S. 181*

der Gegenwart. Wir haben das an Beispielen aus dem Bereich der Darstellungen von Kampf und Krieg, von Aufbahrung, Trauerzug und Leichenspielen kennengelernt. Erst im Zeitalter der Kolonisation, des intensivierten Handels und des Einströmens orientalischer Motive in die griechischen Vasendekorationen sind dann auch eindeutig mythologische Bilder nachzuweisen. Vielleicht ist also vom Vorderen Orient auch der Wunsch nach solchen Darstellungen angeregt. Im Verlaufe des 7. Jahrhunderts v. Chr. nimmt die Zahl der Sagenbilder in der griechischen Kleinkunst, vor allem auf den Vasen, aber auch den Gravierungen und Reliefs der Metallkunst ständig zu und verdrängt zeitweise die Darstellungen aus dem ›Alltag‹ völlig. Wir haben gesehen, daß innerhalb der Themen die großen Sagenkreise von Ilias und Odyssee ihre bevorzugte Stelle haben. Von einer größeren Zahl anderer Themen dürfen wir annehmen, daß auch sie ihre dichterische, wenn nicht ihre literarische Fixierung gefunden hatten, bevor sie in der Bildkunst erscheinen. Manche Sagen mögen schließlich nur in der mündlichen Überlieferung einer begrenzten Landschaft weitergegeben worden sein.

Für diejenigen Vasenmaler, von denen wir eine Vorstellung als von Persönlichkeiten haben, deren künstlerisches Temperament wir erfassen können, ist bereits die Auswahl der Themen charakteristisch. Das gilt für Sophilos und Klitias, für Lydos und Nearchos, vor allem aber für Exekias.

Auf der ältesten der Amphoren, die die Töpfer-Signatur des Exekias tragen, ist neben der Auswahl des Themas auch die Art seiner Wiedergabe bezeichnend. Die eine Seite zeigt den Aufbruch eines Kriegers, der neben dem Wagenlenker auf dem mit vier Pferden bespannten Wagen steht. Der Krieger, mit Namensbeischrift Anchippos, läßt sich nicht in einen der bekannten Sagenkreise einordnen. Doch deutet eine eigentümliche Zufügung des Malers auf einen schlimmen Ausgang des Unternehmens voraus, zu dem Anchippos aufbricht. Zwischen ihm und den Pferden ist nämlich ein menschenköpfiger Vogel, eine Sirene gezeichnet, wie sie über dem Gespann fliegt. Offenbar erscheint der Todes-Dämon hier als schlechtes Vorzeichen.

Die andere Seite des gleichen Gefäßes ist mit der Darstellung des

Kampfes zwischen Herakles und dem dreileibigen Geryoneus verziert. In der Mitte zwischen den beiden Gegnern liegt der sterbende Rinderhirt Eurytion. Daß mit der schwarzfigurigen Ritztechnik so feine Einzelheiten, wie hier der brechende Blick des Auges, dargestellt werden, findet sich zum ersten Male bei Exekias.
Durch solche Details sind die Bilder des Exekias bereits von ihrem Anfang an wie von tragischem Hauch durchweht. Und nur dem Exekias ist eigentümlich, daß er sich nach voller Entfaltung seiner Kräfte mit Vorliebe die tragische Gestalt des Ajas als den Helden seiner Bilder wählt.
Exekias beginnt damit, daß er zunächst das Sagenthema den von ihm selber gefundenen Regeln einer strengen Bildkomposition dienstbar macht, den Inhalt also bewußt dem Künstlerischen unterordnend. Über diese Frühstufe ist er jedoch bereits hinausgelangt, als er die Amphora geschaffen hat, die sich jetzt im Museum ABB. 36
von Boulogne-sur-Mer befindet. Wie Nearchos war Exekias Töpfer und Maler zugleich. Der gedrungene, aber nicht übermäßig weit ausladende Gefäßkörper mit den kräftigen Henkeln und dem oben betont abschließenden Mündungsrand entspricht völlig dem satten Zusammenklang der Farbwirkung des rötlichen Tongrunds und der schimmernd schwarz gedeckten Flächen. Sparsam das Ornament: Über dem Fuß der einfache Strahlenkranz, ein Lotus-Palmetten-Band als oberer Bildabschluß. Sparsam aber auch das Requisit des Bildes: links eine Palme, rechts die Waffen, in der Mitte das Erdhäuflein und das Schwert. Am großartigsten und einfachsten, zugleich aber als künstlerischer Gedanke äußerst kühn die Wiedergabe eines inhaltsreichen Geschehens nur mit der einen Gestalt des Trägers der Handlung: Ajas. Der Held, von Athena mit Wahnsinn geschlagen, kann seine Schmach nicht ertragen, nachdem die gesunden Sinne ihm wiedergekehrt sind, kann nicht mehr unter den Menschen weiterleben. Die Palme symbolisiert das exotische, einsame Gefilde vor Troja, wo er sein Schwert senkrecht in die Erde gräbt, sich auf den Selbstmord bereitet. Alle tragischen Züge, die Sophokles in seinem Drama gestaltet hat, finden sich in dem schicksalsschweren Bild. Für den ganz unbefangenen heutigen Betrachter ist es kaum glaublich, daß das Vasenbild vor der Auf-

führung des sophokleischen Stückes gemalt wurde. Aber es ist rund hundert Jahre älter! In einem verwandten Künstlertum, in der gleichen Erlebnistiefe ist es begründet, wenn das Bild des Exekias wie die Illustration der Verse des Sophokles anmutet.
Bei Sophokles gibt Ajas vor, er wolle sein Schwert am einsamen Strand so eingraben, daß kein Auge es mehr sieht.

Denn nicht mehr, seit ich dieses Schwert empfing
Aus Hektors, meines schlimmsten Feindes, Hand,
Geschah mir Freundliches von den Argivern...

Er gräbt es auch ein. Aber er birgt es nicht in der Erde. Er gräbt es senkrecht ein, mit der Spitze nach oben und so, daß die Schneide aus der Erde herausragt. Bereit jetzt, sich in das Schwert zu stürzen, beginnt er im Drama des Sophokles seine letzte Rede mit den Worten:

Der Schlächter steht, zum tiefsten Stoß gerichtet,
Wie du's bedenkst – wär noch Bedenkens Frist;
Gastes Geschenk von Hektor, meiner Gäste
Mir bösestem, verhaßtestem zu schauen;
Gerammt in Troer-Boden, Feindes-Erde,
Am stahlfräßigen Steine frisch geschärft.
Ich hab es gut gepflanzt, mit allen Sorgen,
Daß es mir milde sei zu raschem Tod.
So sind wir wohl gerüstet...

Von dieser tragischen Luft ist auch die zusammengekrümmte, muskulöse Gestalt des Ajas umwittert, die so intensiv auf ihr Tun konzentriert scheint. Im Technischen sind die Ausdrucksmöglichkeiten der schwarzfigurigen Malweise durch Exekias so sehr gesteigert, daß schwere Unmutsfalten auf der Stirn des äginetischen Helden durch Ritzlinien angegeben sind. Wie auf späteren Bildern Exekias in jeder Beziehung die Möglichkeiten der schwarzfigurigen Technik voll ausschöpft, wird unten noch zu zeigen sein. Charakteristisch bleibt für ihn und seine Kunst, daß er auch in seinen jüngeren Werken unter den Gefäßformen die kräftige, in einheitlichem Schwung der Umrißlinie hochgeführte Amphora, die sogenannte Bauchamphora, als das ihm besonders gemäße Betätigungsfeld bevorzugt.

Exekias hat wiederholt den starken Ajas gemalt, der die Leiche des Achilleus aus der Schlacht trägt; er setzt bei dem Betrachter das Wissen darüber voraus, daß Ajas niemals Achills Waffen erhalten wird. Auch dieses stille Bild hat seine dramatische Spannung, enthält einen tragischen Konflikt.

Amasis

Von solcher Affinität zum tragischen Drama hat Amasis nichts. Seine Kunst ist der des Klitias verwandt. Seine Bilder haben nicht die Festigkeit der Komposition des Exekias. Häufig wirken sie wie mehr oder weniger zufällige Ausschnitte aus einem längeren Fries. Gern stellt er zwei Gestalten einander gegenüber oder er setzt eine Figur betonter in die Mitte einer mehrfigurigen Gruppe. Doch sind seine Bilder durchweg keine Handlungsbilder wie bei Exekias, ob es nun um ein äußeres oder ob es um ein seelisches Geschehen geht, sondern Zustandsbilder. Freilich sind diese bewegter, wenn es sich um Darstellungen des Dionysos und um die Gefolgsleute des Dionysos handelt. Bakchische Themen hat er besonders gern. Aber außer Dionysos werden auch andere Götter von Amasis wieder und wieder dargestellt. Und diese Götter befinden sich in einer Welt, in der das Schicksal der Menschen sie wohl wenig bekümmert. Auch hierin ein Gegensatz zu Exekias, den besonders Kampf und Mühe der Sagenhelden, das tragische Los der Menschen beschäftigt. Ein Ölkrug, der vor kurzem bei den Ausgrabungen im Kerameikos von Athen gefunden wurde, ist nicht signiert. Dionysos ist dargestellt, im langen Chiton, mit über die Schultern und Oberarme drapiertem Mantel; in der Linken sein spezielles Trinkgefäß, der Kantharos. Fröhliche Tänzer umgeben ihn, der eine mit einem halbgefüllten Weinschlauch über der Schulter. Der Stil der Zeichnung der Gestalten und auch der Knospenfries auf der Schulter des Gefäßes sind so eindeutig von Amasis gemalt, daß das Gefäß sich mit Sicherheit zuschreiben läßt. Signiert hat Amasis nur als Töpfer, soweit wir wissen. Acht von diesen Gefäßen sind erhalten, und zwar vor allem Amphoren mit abgesetztem Hals und fast waagrechter Schulter, die sog. Halsamphoren, und vier Kannen mit kleeblattförmiger Mündung. Alle diese Gefäße sind anscheinend von der Hand eines und desselben Malers bemalt; daß der Töpfer seine Gefäße selber bemalt hat, wie auch Exekias die seinen, ist möglich,

ABB. 50

vielleicht auch wahrscheinlich, aber natürlich nicht inschriftlich gesichert. Doch sind dem Maler der acht Vasen eine weit größere Anzahl unsignierter Gefäße aufgrund des stilistischen Vergleichs der jeweiligen Bilddekoration zugewiesen worden. Wenn wir annehmen, Maler und Töpfer sei identisch gewesen, hat Amasis auch Bauchamphoren, Schalen, Salbgefäße, kleine Tongeräte und Becher bemalt. Doch scheinen für seine Figurentypen und für seine Kompositionsart Amphoren am meisten gemäß. Auf ihnen benutzte er das Kompositionsprinzip der Reihung, wie es in der Plastik
FIG. 17 sich am deutlichsten in der Statuengruppe des Bildhauers Geneleos äußert. Bewegter sind die Bilder meistens dann, wenn sie den Gott
ABB. 50 Dionysos und das Treiben der Begleiter des Weingotts, die Mänaden und Satyrn, zum Thema haben. Bei solchen Bildern kommt es manchmal auch zu Ansätzen einer Zentralkomposition; dennoch sind sie nicht eigentlich Handlungsbilder. Das läßt sich am besten
ABB. 38 auf seinem Hauptwerk, einer Amphora mit der Signatur des Amasis in dem Pariser Cabinet des médailles, erkennen. Links steht Dionysos, würdig, langgewandet, sein großes Trinkgefäß in der Rechten, die Linke wie zum Gruß erhoben. Vor ihm zwei Mänaden, die sich eng umschlungen im gleichen Rhythmus des Tanzschritts bewegen; die eine hält ein Waldtier, wohl ein Kaninchen, das sie mit ihrer Rechten an seinen Ohren gepackt hat. Der ruhige Fluß der gemessenen Bewegungen scheint den sanften Kurven der Gefäßwölbung wunderbar zu entsprechen, noch mehr aber dem elastischen Schwung der großen, aus freier Hand gezeichneten Spiralen des Henkelornaments. Was sich als entscheidend für den Gesamteindruck aufdrängt, ist der spezifisch ornamentale Charakter der Vase. Daran haben natürlich auch die sorgfältig ausgeführten Ornamente über dem Fuß und am Hals ihren Anteil, ebenso aber auch der Schulterfries mit Kriegern, die zu einzelnen Kampfpaaren aufgeteilt sind. Als keramisches Schmuckstück hat die Amphora des Amasis den höheren Rang. Auf der Amphora des Exekias hat der Gedanke, der Inhalt der Darstellung das größere Gewicht.

Man hat sich gefragt, ob in dem ausgeglichenen, sensiblen, ornamentalen Wesen des Amasis nicht vielleicht auch jonische Züge sichtbar würden, ob Amasis nicht ein in Athen eingewandeter jonischer Künstler sein könnte. Vergleichen wir eine jonische Amphora ähnlicher Form und etwa der gleichen Zeit! Anders ist zunächst die Maltechnik, die die Gestalten nicht auf den Tongrund, sondern auf einen hellen Überzug setzt. Was aber die Bilder selbst angeht, ist auch hier die Verschiedenheit der ausgelassen und fast schwerelos bewegten Gestalten gegenüber der verhaltenen Lebhaftigkeit der Gestalten des Amasis sehr groß. Eher zeigt der ornamentale Gesamteindruck der Gefäße eine gewisse Verwandtschaft. Was jedoch schließlich die Amphora des Amasis von der jonischen Amphora mit den fröhlich tanzenden Zechern trennt, ist jene Prägnanz und Klarheit der Formen, die deutlich auch schon in der geometrischen Epoche für die attische Vasenkunst bezeichnend war. Über das gleiche Erbteil und in nicht geringerem Maße verfügt auch Amasis noch. B.A. 16

Der Unterschied zwischen Amasis und Exekias in der Auffassung des Bildinhalts kommt besonders deutlich in der verschiedenen Bedeutung heraus, die bei ihnen die jeweils die Figurendarstellung rahmenden Elemente haben. So entsprechen der Palme, die auf der Amphora in Boulogne-sur-Mer die Landschaft kennzeichnet, auf der rechten Seite die Waffen, die Ajas beiseitegelegt hat, die am Rande lehnen. Palme und Waffen bilden formal den Abschluß des Bildes, machen aber auch inhaltlich etwas von dem einsamen Dialog zwischen Menschenwelt und Naturwelt hörbar. Der Helm, der auf dem Rand des Schildes liegt, richtet seine blinden Augenlöcher auf die muskulöse Gestalt in der Bildmitte, die völlig von ihrer Tätigkeit absorbiert ist. Dagegen sind die Henkelpalmetten, die auf der Amasis-Amphora in Paris das dionysische Bild einrahmen, durchaus anderen Charakters. Doch haben auch sie eine inhaltliche Bedeutung: sie lassen das Figurenbild weniger gegenständlich erscheinen, binden es fest in das prächtig komponierte Ornamentsystem ein. ABB. 36

Häufig scheinen die Götter des Amasis, die sich höflich, vornehm, mit sparsamen Gesten, sorgfältig gekleidet und frisiert gegenüberstehen, in weltmännischer Konversation begriffen. Die homerischen Götter, denen in glückseliger Alterslosigkeit ein leichteres Leben beschert ist als den Irdischen, haben ihre höchste Gestaltung in den

Statuen des Bildhauers Praxiteles erfahren. Die Gestalten des Amasis sind kein minderer Vorläufer der praxitelischen Götterwelt. Diese Tradition reicht also – mit jeweils zweihundertjährigem Intervall – von Homer über Amasis bis zu Praxiteles hin.

Wenn man von Attika aus einen Blick auf die anderen griechischen Landschaften und die dortige Vasenmalerei in der zweiten Hälfte des 6. Jahrhunderts wirft, bietet Amasis eine viel günstigere Ausgangsposition als Exekias. Die dekorative Anordnung der Gestalten des Amasis in den Gesprächsszenen der Götter im Olymp, einer ›sacra conversazione‹, und die lebhafte Komposition seiner bakchischen Szenen, der ›conversazione profana‹, stehen gleichzeitigen jonischen Vasenbildern verhältnismäßig nahe, während Exekias nichts hierzu Vergleichbares aufweist. Die bedeutendste der jonischen Vasenwerkstätten befand sich in Chalkis auf der Insel Euböa.

Chalkidische Vasen

Denn die Inschriften dieser Vasen sind in chalkidischem Alphabet geschrieben und in Chalkis selbst sind Scherben dieser Gattung gefunden worden. Chronologisch betrachtet stellen die chalkidischen Vasen eine Fortsetzung der korinthischen dar. Ihr frühestes Auftreten ist gerade in dem Zeitpunkt nachzuweisen, in dem die Sagenbilder der sogenannten mittelkorinthischen Stilphase aufhören. Selbst die Verteilung der Inschriften auf den Bildern der chalkidischen Maler und der Duktus der Schriftzeichen erinnern sehr stark an die Beischriften auf den korinthischen Vasen. Die ältesten Erzeugnisse dieser chalkidischen Werkstatt sind vielleicht noch etwas früher als die Mitte des 6. Jahrhunderts entstanden. Ein Deckel-
ABB. 52 gefäß im Würzburger Museum, ein sogenannter Kolonettenkrater, der zum Mischen von Wasser und Wein diente und der hier als ein charakteristisches Beispiel die Gattung vertreten soll, ist etwas später, im Jahrzehnt 540–530 v. Chr. anzusetzen. Unsere Abbildung zeigt die Rückseite des Gefäßes. Sie demonstriert die Fähigkeit der chalkidischen Maler, auch lebhaft bewegte Szenen darzustellen. Wie haben sie, wenn man die Pferde dieses Kraters mit den ruhig
ABB. 21 schreitenden, immer im gleichen Typus wiederholten Tieren der früharchaischen Tradition vergleicht, das im gestreckten Galopp ausgetragene Wettrennen sinnfällig zum Ausdruck gebracht! Auf der Vorderseite der gleichen Vase ist eine Szene voll verhaltener

Würde gemalt, die am trojanischen Königshof spielt. Dort nimmt Hektor von seiner Frau Abschied; auch Paris und Helena sind anwesend. Die Namensbeischriften der einzelnen Personen beweisen eindeutig, daß ein Bild aus der Heldensage beabsichtigt ist. Dagegen verdient für die Interpretation des Bildes der Rückseite eine Deutung aus dem Alltagsleben gegenüber einer solchen aus dem Mythos wahrscheinlich den Vorzug.

Es wurde bereits gesagt, daß im Vergleich zur chalkidischen Werkstatt die Töpfer und Maler der übrigen ionischen Landschaften keine kontinuierliche Folge von Schöpfungen guter Qualität aufzuweisen haben. Doch sind die Meisterleistungen, die spontan und außerordentlich selten auch hier und während der zweiten Hälfte des 6. Jahrhunderts auftreten, in noch höherem Maße erstaunlich. Vor allem ist eine Gattung in bester schwarzfiguriger Technik dekorierter Trinkschalen hervorzuheben, die auf Samos entstanden ist. *Jonische »Kleinmeister«* Die Feinheit der Ritzzeichnung auf ihren Bildern ist in der ganzen griechischen Vasenmalerei ohne vergleichbares Beispiel. Ebenfalls auf Samos, aber auch auf der südlicheren und größeren, dorisch besiedelten Insel Rhodos sind einige Gefäße ganz hervorragender Qualität entstanden, die aber die ionische Technik des Aussparens *Fikellura-Vasen* bevorzugen und sich nur sehr zögernd der schwarzfigurigen Ritztechnik bequemen. Diese Gattung von Vasen nennt man nach ihrem ersten Fundort Fikellura-Gefäße. An Formen wird von den Fikellura-Töpfern die Halsamphora bevorzugt. Die Maler wählen sich unter den Motiven nach Möglichkeit dekorativ wirksame aus. Manche der Gefäße sind über und über mit einem aus gepunkteten Linien bestehenden Rautenmuster überzogen. Aber auch diejenigen Vasen, deren Hauptschmuck ein Figurenbild ist, bringen außerdem auf dem Gefäßkörper Henkel- und Bandornamente in reicher Zahl an.

Das repräsentative Beispiel dieser Gattung ist eine Amphora im B.A. 16 Museum von Altenburg, auf der eine Gruppe fröhlicher Zecher in lebhaftem Tanze dargestellt ist. Die Geschichte dieses Themas spielt sich im 6. Jahrhundert ab. Es hat zwei Wurzeln: eine mythologische und eine im Leben des Alltags. Mit dem Auftreten der Silene in der griechischen Vasenmalerei und zwar auf den Bildern des

Sophilos war eine Darstellung des ekstatischen Treibens der Gefolgsleute des Dionysos im sogenannten bakchischen Thiasos ein beliebtes Thema geworden; am Thiasos nehmen Silene und Mänaden teil, nicht immer ist Dionysos selber anwesend. Der Thiasos ist die eine Wurzel der beschwingten Aufzüge menschlicher Zecher, des Komos; die Silene sind die Vorläufer der Komasten. Die andere sind die Bilder des gemeinsamen Gelages, dessen Teilnehmer auf Ruhebetten liegen und das Symposion feiern. So wie sich aus solchen Gelagen in der Realität angeheitert berauschtes Schwärmen auf den Gassen und Plätzen der Stadt leicht entwickeln kann, so haben sich aus den Gelage-*Bildern* und den dionysischen Tänzen der Silene und Mänaden die Bildtypen der in ausgelassener Laune agierenden Zecher entwickelt. Einige attische Maler, Zeitgenossen des Sophilos, liefern dafür die ersten Beispiele. Sir John Beazley hat sie deswegen geradezu mit dem Kennwort *Komasten-Maler* bezeichnet. Auf einer etwas jüngeren Gruppe attischer Vasen mit Friesstreifendekoration, den sogenannten tyrrhenischen Amphoren, läßt sich dann gut ein Übergang beobachten von den Darstellungen des Thiasos der Silene und Mänaden zu den Darstellungen menschlicher Komasten.

Die hier beschriebene Entwicklung der Bildtypen ist die Voraussetzung für den Komasten-Fries der Fikellura-Amphora in Altenburg. Es darf aber wohl gesagt werden, daß kein früherer Maler die unbeschwerte weinfröhliche Ausgelassenheit der Zecher so kongenial dargestellt hat wie eben dieser Maler. Keiner entfernt sich auch so weit wie er vom heroischen Ethos und von den Sagenbildern der Korinther, der Chalkider, des Exekias.

Mittlere Periode des Exekias

Doch auch Exekias hat nicht nur die Mühsal der Heroen gemalt. Sogar Dionysos, die Lieblingsgestalt unter den Göttern des Amasis, hat seine zauberhafteste Darstellung bei Exekias gefunden. Allerdings sieht er ganz anders aus als bei Amasis, und vor allem ist die Bildidee eine andere. Das Bild im Inneren eines Schalenrunds, etwa
ABB. 53 zehn Jahre nach der Ajas-Amphora und der Mänaden-Amphora gemalt, ist noch stärker von einer Landschaftsstimmung durchtränkt als das Ajas-Bild auf der Amphora. Ein Schiff schaukelt, vom geblähten Segel getrieben, umspielt von Delphinen, auf dem Meer. In dem Schiffe liegt ausgestreckt, übergroß, der Gott des Weines.

Reben wachsen, ebenfalls übergroß, hinter dem Mastbaum auf; ihre traubenschweren Zweige hängen hoch über der Rahe. In der Rechten hält der Gott ein Trinkhorn. Keine Hand bewegt das Steuer, aber der Bug des Schiffes findet sicher seinen Weg durch die Flut. Eine mittägliche Epiphanie des Dionysos auf hoher See.

In der Komposition des Bildes spielen die Farbkontraste eine große Rolle. Von dem ehemals leuchtenden Weiß des Segels sind allerdings nur einige Reste übrig geblieben. Leider ist auch das Gesicht in der originalen Zeichnung nicht mehr erhalten. Ältere Abbildungen zeigen moderne Übermalung an dieser Stelle, die neuen Photographien nur die in der Tönung dem rötlichen Vasengrund angeglichenen Gipsflickungen. Jedenfalls ist dieses Bild, trotz aller Meisterschaft der Einfügung seiner Darstellung in den runden Rahmen der innen schwarz bemalten Gefäßlippe, nicht so sehr die Wiedergabe einer äußeren Aktion, sondern einer inneren Konzentration. Von der gleichen Fähigkeit der inneren Konzentration des Exekias zeugt ein weiteres, nur wenig jüngeres Werk, diesmal wieder auf einer Amphora. Die rechte der beiden Figuren ist – laut Beischrift – wieder Ajas, die linke Achilleus. Eine gewisse Ähnlichkeit mit dem älteren Ajas-Bild besteht auch in der Abgrenzung des Bildes zum Rahmen hin: links ist der Schild des Achilleus angelehnt, rechts Schild und Helm des Ajas. Nur blickt diesmal der leere Helm nicht zur Bildmitte, sondern zur Zeltwand. Denn offenbar spielt sich der dargestellte Vorgang in einem Zelt im Lager vor Troja ab. Die beiden Helden – sie halten die Speere in der Hand, denn kein plötzlicher feindlicher Angriff soll sie unvorbereitet finden – sitzen beim Brettspiel. Und sie sind doch so sehr in das Spiel vertieft, das sie mit kurzen Ausrufen begleiten, daß sie doch einer möglichen Gefahr nicht mehr achten. Denn jetzt ist jeder von beiden mit aller Konzentriertheit dem Wunsch hingegeben, das Spiel zu gewinnen.

ABB. 51

In solchen Schöpfungen ist Exekias ein Meister des *Stimmungsbildes*, wie es in der ganzen Kunstgeschichte der Antike keinen gab, weder vor ihm noch nach ihm. Das gilt, wie für das Bild mit Achill und Ajas, auch für die Darstellung auf der Rückseite seiner Amphora im Vatikan. Es ist ein ›Stimmungsbild im Familienkreis‹; die Szene, die vorgeführt wird, könnte man sich im Hofe des Wohnhauses eines wohlsituierten attischen Bürgers vorstellen. Stärker als auf dem Brettspieler-Bild sind die Gestalten der Rückseite entmythisiert. Dennoch handelt es sich – so verraten die Beischriften dem Betrachter – um die Dioskuren Kastor und Polydeukes, sowie um ihre Eltern Leda und Tyndareos. Aber in einer heroischen Atmosphäre befinden wir uns hier nicht. Am eindrucksvollsten ist die Darstellung an den beiden Stellen, an denen Mensch und Tier schlicht zusammengeordnet sind, fast möchte man von einem seelischen Einverständnis sprechen. So streichelt Tyndareos mit zarter Gebärde den Kopf eines Pferdes; so spielt Polydeukes, indem er sich herabbeugt, mit einem Hund, der freudig an ihm hochspringt.

Die Kunst in der Zeit der Söhne des Peisistratos

Vielleicht gab es in Athen damals schon – wenn auch zunächst nur in vereinzelten Beispielen – die Umkehrung der schwarzfigurigen Malweise in die rotfigurige, die wohl um 530 v. Chr. zuerst auftritt. Jedenfalls glaubt man der außerordentlich feinen Ritztechnik auf den Mänteln und Waffen der brettspielenden Helden ablesen zu können, daß der Maler sich mit allen Mitteln in seiner Technik gegenüber der jetzt neu eingeführten, mit Pinselchen oder Borste auf dem Tongrund gezeichneten Linien behaupten will. Die frühesten rotfigurigen Vasenbilder hat man durchaus überzeugend mit Kampfdarstellungen auf dem Fries des Siphnier-Schatzhauses in Delphi, das kurz vor 524 v. Chr. gebaut wurde, verglichen. Für die Freiplastik hat ein Vergleich der Leda aus dem Dioskurenbild des Exekias mit einer Marmor-Kore von der Akropolis das gleiche Datum ergeben. Man spricht deswegen bei dieser bestimmten Figur wohl auch von der ›Exekias-Kore‹.

ABB. 54

PLASTIK

B.A. 17

Die Mädchenstatue, in ihrer ganzen Höhe erhalten, ist unterlebensgroß. Von den spätarchaischen Koren unterscheidet sie sich vor allem in der Tracht. Zwar ist auch sie mit dem Chiton bekleidet, der aber nur an den Ellbogen und über den Füßen sichtbar wird, überall sonst ist er von dem darüber getragenen Peplos verdeckt. Durch diese Anordnung der Tracht ergeben sich kaum Falten, die ganze Figur fügt sich blockhaft zusammen. Die Mehrzahl der übrigen Koren trägt als Hauptkleidungsstück einen feingefältelten Chiton und darüber einen schräg drapierten Mantel, der auf der rechten Schulter geknüpft ist und ebenfalls ein reiches Faltensystem hervorruft. Es wurde bereits gezeigt, daß dieser Korentypus seine Heimat im östlichen Jonien hat, und auch bei diesem Gewandtypus handelt es sich um eine jonische Tracht. Auch wird, wie in Jonien von Alters her, die durch die Falten gegebene Rhythmisierung der Oberfläche weiter dadurch belebt, daß die Hand ins Gewand greift und es leicht über dem Knöchel hochzieht. Die rechte Hand ist fast immer die agierende. Dementsprechend raffen die älteren Koren bis in die dreißiger Jahre des 6. Jahrhunderts ihr Gewand jeweils mit der Rechten. Wenn die Hand jedoch ein Tier, etwa einen Vogel, oder eine Frucht hält, ist dies der Hauptgestus, der mit der Rechten ausgeführt wird; dann wird die Geste des ins Gewandgreifens sekundär und daher mit der linken Hand ausgeführt. Dieser Bewegungstypus ist in den letzten Jahrzehnten des 6. Jahrhunderts der übliche. Die Exekias-Kore dagegen rafft ihr Gewand überhaupt nicht. In der gesenkten Rechten hielt sie ursprünglich einen aus Metall zugefügten Gegenstand, wahrscheinlich einen Kranz, die Linke streckte sie rechtwinklig vor, ursprünglich mit einem Gegenstand. Der linke Unterarm war, wie immer bei einer solchen Haltung, gesondert gearbeitet und ist heute zum größten Teil verloren. Ursprünglich hat gewiß dieser vorgestreckte Arm die plastische Erscheinung der Statue stark mitbestimmt. Ein weiteres Element, das ursprünglich in die einfachen Formen der Figur stärkere Akzente brachte, war die Farbigkeit. Relativ deutliche Farbspuren sind noch heute an Augen und Mund, an den Haarlocken, am Saum des Gewandes und als Ornamentmuster auf der Fläche des Gewandes erhalten. Diesen Farbresten verdankt die Statue z.T. ihre lebendige Wirkung. Hauptsächlich beruht diese jedoch in dem unmittelbaren, vitalen Gesichtsausdruck, in den ›sprechenden Zügen‹ des Antlitzes.

RELIEF UND ARCHITEKTUR

Die Hypothese ist aufgestellt worden, daß der Name des Schöpfers der Exekias-Kore bekannt sei und daß von dem gleichen attischen Bildhauer mit Namen Endoios auch die Nord- und Ostfriese des Schatzhauses der Siphnier in Delphi gearbeitet seien. Die vorgebrachten Indizien reichen zum Beweise dieser These zwar nicht aus, unmöglich ist sie jedoch keineswegs. Jedenfalls sind Siphnierschatzhaus und Kore virtuell gleichzeitig. Am Reliefschmuck des Schatz-

Delphi hauses haben offenbar zwei verschiedene Bildhauerwerkstätten gearbeitet. Der Giebel, der Süd- und der Westfries tragen deutlich ostjonisches Gepräge, während Entwurf und Ausführung des Frieses
ABB. 54 im Norden und Osten auf einen mehr westlichen Meister, vielleicht eben einen Athener, schließen lassen. Die lebhaftesten Darstellungen finden sich im Norden. Ihr Thema ist der Kampf der Götter mit den Giganten. Virtuos hat es der Bildhauer verstanden, die Gestalten in verschiedenen Raumebenen aufzubauen. Überschneidungen fürchtet er nicht; sie bieten ihm im Gegenteil Gelegenheit, die Unruhe des Kampfgeschehens drastisch zum Ausdruck zu bringen. So stürmt Athena gegen einen Giganten vor, der ins Knie bricht. So kämpft voller Eifer die Gemahlin des Zeus noch gegen bereits gestürzte Gegner. Noch mitleidsloser, noch erregter ist der Kampf dort, wo wilde Tiere in ihn eingreifen. Das Gespann der Göttin Kybele wird von Löwen gezogen. Doch sind sie nicht lediglich Zug-
ABB. 56 tiere. Die Löwen fallen einen Giganten an, dessen mit einem korinthischen Helm bedeckter Kopf in Dreiviertelansicht gegeben ist. Er wird von einem der mächtigen Tiere, das ihn in die Flanke beißt, zerfleischt. Die Gestalten des Frieses werden dichter gestaffelt oder etwas lockerer komponiert, je nach dem, wie die Woge der Schlacht brandet. Auf einem der Rundschilde der Giganten hatte

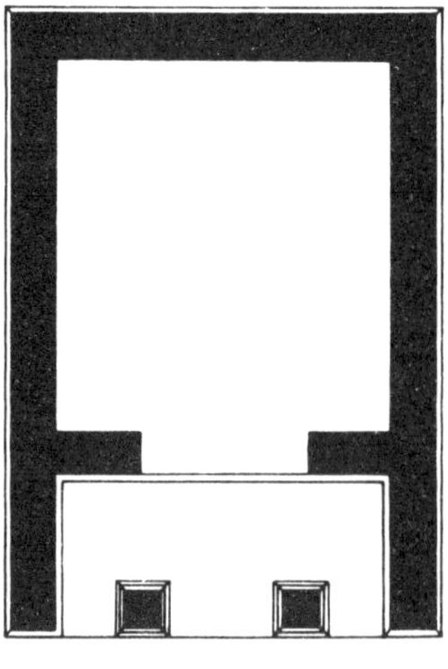

Fig. 33 – Delphi, Schatzhaus der Siphnier. Um 525 v.Chr. (P. de La Coste-Messelière, Au Musée de Delphes, 487 Abb. 20)

Fig. 34 – Delphi, Schatzhaus der Siphnier, Rekonstruktion. (P. de La Coste-Messelière, Au Musée de Delphes 283 Abb. 13)

der Meister seine Signatur angebracht. Verbum, ein Adverb und das Prädikatsnomen sind erhalten, aber leider nicht der Name selbst.

Eine Geschichte, die Herodot (3, 57) berichtet, liefert für die Entstehung des Schatzhauses ein exaktes Datum. Die kleine Insel Siphnos war durch die Erträge ihrer Bergwerke, in denen Edelmetallminen abgebaut wurden, reich geworden und legte daraufhin das Schatzhaus in Delphi an. Bei dieser Gelegenheit fragten nun die Siphnier bei dem Orakel von Delphi an, wie lange denn wohl ihr Reichtum von Dauer sein könne. Die rätselhafte Antwort, die ihnen zuteil wurde, verstanden sie zunächst nicht. Dies erwähnt Herodot im Zusammenhang mit Ereignissen, die anläßlich der Vorbereitung eines Feldzuges des Kambyses von Persien gegen Ägypten eintraten. Da diese Expedition 524 v. Chr. stattfand, muß die Erbauung des Schatzhauses vor diesem Datum erfolgt sein. Die Siphnier haben bei diesem Bau nicht gespart. Das äußert sich nicht in großen Dimensionen, sondern in der präzisen und wohlproportionierten Ausführung aller Details, besonders aber darin, daß sie zumindest für die Friesreliefs der Nord- und Ostseite einen ausgezeichneten und offenbar damals berühmten Bildhauer beauftragten. Das Schatzhaus, das auf einer Terrasse angelegt wurde, ist ein Musterbeispiel dafür, wie in spätarchaischer Zeit ein qualitätvoller Marmorbau aussieht, der kein Tempel, also nicht im eigentlichen Sinn ein Sakralgebäude, sondern ein repräsentatives staatliches Gebäude ist.

Der Hauptunterschied gegenüber einem Tempel der kanonischen
FIG. 33 Gestalt ist das Fehlen des Säulenkranzes. Der Grundriß ist der eines ›Antenhauses‹, d.h. zwischen vorgezogenen Mauerstirnen, die die Vorhalle seitlich begrenzen, stehen zwei Stützen. Dieser Grundriß ist jedoch gegenüber dem einer Tempel-Cella viel gedrungener. Das Verhältnis von 1:2 für die Breite der Vorhalle zur Länge der Cella, ein Verhältnis, dem sich der ausgebildete Tempel sowohl jonischer wie dorischer Ordnung anzunähern strebt, wird beim
FIG. 34 Schatzhaus der Siphnier durch den Goldenen Schnitt ersetzt. Eine reichere Ausgestaltung des relativ einfachen Typus ist ferner dadurch erzielt, daß die Stützen zwischen den Anten weder Säulen noch Pfeiler, sondern Korenstatuen in tektonischer Funktion, sogenannte Karyatiden sind. Es ist verständlich, daß wegen des chronologischen Fixpunktes, den wir mit dem Siphnierschatzhaus besitzen, diese Karyatiden höchst wertvoll für die Datierung der Akropolis-Koren sind, selbst wenn sie nicht zu denjenigen Teilen des plastischen Schmuckes an dem Schatzhaus gehören, für den man eine Zuschreibung an attische Bildhauer erwägt.

ABB. 56 – Löwe des Kybelegespanns greift einen Giganten an. Vom Fries des Siphnierschatzhauses, Marmor. Vor 524 v. Chr. *Höhe 63 cm. Delphi, Museum. Vgl. S. 174*

ABB. 57 – Delphi, Apollonheiligtum. *Vgl. S. 182*

ABB. 58 – Paestum, Athenatempel. Um 510 v. Chr. *Vgl. S. 184*

56

57

58

59

Im gleichen Heiligtum sollte seit der Mitte des 6. Jahrhunderts auch der Haupttempel erneuert werden. Einer Ausführung dieses Planes traten anscheinend immer neue Schwierigkeiten entgegen; die entscheidende war Geldmangel, obwohl finanzielle Beiträge von vielen, z.T. auch räumlich weit entfernten Städten und Ländern geleistet wurden. Immerhin wurde mit Vorbereitungen bereits begonnen. Dazu gehörte auch die architektonische Festigung der großen Terrasse, auf der der Tempel errichtet werden sollte. Aufwand und Mühe wurde dabei nicht gescheut. Wir verdanken dieser Absicht die schönste Polygonalmauer, die uns erhalten ist. Bei den argivischen Burgen der mykenischen Epoche sollte die polygonale Fügung der mächtigen Blöcke besondere Festigkeit der aufeinandergetürmten Felsblöcke bewirken; und dieselbe Absicht kann man gewiß bei den Polygonalmauern des 2. Jahrtausends v. Chr. voraussetzen, die sich auf der Akropolis von Athen befinden. Sicher war auch die Stützmauer für die Terrasse des Apollon-Tempels in Delphi nicht zuletzt auf Festigkeit berechnet. Aber die einzelnen Blöcke, hier nicht wie in der prähistorischen Epoche riesige Kalksteinbrocken, sondern kostbarer Marmor, sind kleiner und geradezu elegant behauen. Freilich war es nicht möglich, in dieser Technik die Steine so fugenlos aneinanderzufügen, wie die Quadern an den perikleischen Bauten der Akropolis. Aber das durch die Fugen entstehende Ornament, das eine entfernte Ähnlichkeit mit Bienenwaben hat, nur eben sehr viel unregelmäßiger und daher rhythmisch noch wirksamer ist, bringt eine fast unglaubhaft komplizierte architektonische Technik zu ihrer letzten Konsequenz. Der Besucher des Heiligtums, der an dieser Stützmauer entlangschreitet, wird auf ein noch großartigeres Bauwerk vorbereitet, das ihn oben auf der Terrasse erwartet: den Tempel.

ABB. 55

ABB. 59 – Nymphe in Weinranken. Henkelschmuck von einem Kelchkrater des Exekias, 530–520 v. Chr. *Gefäßhöhe 44 cm. Athen, Agori-Museum. Vgl. S. 186*

ABB. 60 – Achilleus verbindet eine Wunde des Patroklos. Innenbild einer Schale des Töpfers Sosias. Um 500 v. Chr. *Berlin, Stiftung Preußischer Kulturbesitz, Antikensammlung. Vgl. S. 199*

Es will uns scheinen, daß dieser Bau jedoch nicht alle Erwartungen, die so erweckt wurden, erfüllte. Zwar hatte es lange gedauert, bis der Bau des Tempels selbst nicht nur vorbereitet, sondern wirklich begonnen wurde. Das geschah erst im vorletzten Jahrzehnt des 6. Jahrhunderts, als das attische Geschlecht der Alkmäoniden, das damals von den Tyrannen aus Athen verbannt war, durch tatkräftige Förderung der Erneuerung des Apollon-Heiligtums in Delphi, offenbar in bewußt propagandistischer Weise, die Rückkehr nach Athen und die neuerliche Einflußnahme auf die politischen Geschicke ihrer Stadt erstrebte. Von dem, was sie in Delphi erreicht haben, sind nur zufällige Fragmente noch erhalten. Nur die Vergrößerung und Monumentalisierung, die das ganze Heiligtum nach einem Brande von 548 v. Chr. erfahren hatte, blieb endgültig. In religionsgeschichtlicher Hinsicht besonders einschneidend war eine im Zusammenhang mit der Neuplanung damals erfolgte teilweise Zerstörung alter Heiligtümer mit weit in die Vorzeit zurückreichender Tradition. So wurde durch die polygonale Stützmauer das Heiligtum der Erdgöttin zerschnitten, ältere Schatzhäuser durch sie überbaut. Natürlich fand das Zerstörte innerhalb des neuen Bauplanes einen Ersatz und die Stätten der alten Kulte wurden in
ABB. 57 den erst jetzt alle urtümlichen Kulte überragenden Apollon-Tempel mit einbezogen. Daher ist außer der Lage in der heroischen Landschaft des Pleistos-Tales, unterhalb der Steilfelsen und am kastalischen Quell, auch die topographische Situation des Heiligtums – die äußeren Mauern des Bezirks, die Stützmauer der Tempelterrasse, die Ausdehnung und Fundamente des Tempels – seit dem Ende des 6. Jahrhunderts die gleiche geblieben. Der Tempel selbst wurde jedoch im 4. Jahrhundert völlig neu errichtet und von dem plastischen Schmuck des archaischen Gebäudes sind nur einige Giebelskulpturen, sowohl von der in Marmor gearbeiteten Vorderseite, wie von der in Kalkstein gearbeiteten Rückseite erhalten. Das ist deswegen wichtig, weil uns diese plastischen Reste eindeutig bestätigen, daß die Bauherren, nämlich die Alkmäoniden, mit der Ausführung der Skulpturen einen attischen Bildhauer beauftragt hatten. Antenor, den wir aus erhaltenen Signaturen und als Meister einer der Koren-Statuen von der Akropolis kennen und der von

der jungen attischen Demokratie noch mit Staatsaufträgen bedacht wurde, hat zusammen mit seinen Gehilfen auch diese Giebelfiguren gemacht. Es scheint, daß die Erbauer des Tempels die Absicht hatten, den kurz zuvor durch die Peisistratiden auf der Akropolis erneuerten Athena-Tempel zu übertrumpfen. Schon durch die Wahl des Themas für den Westgiebel nahmen sie deutlich auf den athenischen Neubau Bezug: hier wie dort ist die Gigantenschlacht dargestellt. Vermutlich war auch die Komposition der Figuren im Giebel insofern ähnlich, als hier wie dort sich eine Zäsur in der genauen Mitte des Giebels befand: Sie blieb leer und die Anführer der Götter im Kampf, Zeus und Athene, kämpften von dort her, Rücken an Rücken, in Richtung auf die Giebelecken hin. Der Ostgiebel ist dagegen das früheste Beispiel dafür, daß die Epiphanie eines Gottes im Giebel dargestellt wird. In diesem besonderen Fall ist es sogar der Inhaber des Tempels selbst, Apollon, der hier in der Mitte, frontal auf einem Wagen stehend, erscheint. So wird das ›mythische Bild‹ wie es bereits der Gorgogiebel von Kerkyra gezeigt hatte, wieder aufgenommen, aber mit einem Sinn begabt, der auf die Epiphaniedarstellungen der klassischen Kunst vorausweist, auf die Gestalten von Zeus und Apollon in den Giebeln des Zeus-Tempels von Olympia und auf der Geburt der Athena auf dem vorderen Giebel des Parthenon. *Athen*

Aber bei all dem scheinen doch die erhaltenen Überreste eine gewisse Trockenheit zu verraten. Die schöpferische Kraft scheint nicht ganz imstande, die großen Dimensionen auch wirklich sinnvoll zu füllen. Ja, in der Einzelausführung sind ältere Giebelkompositionen wie etwa die des Tempels in Kerkyra oder die beiden Fassungen des plastischen Schmucks des archaischen Athena-Tempels auf der Akropolis großartiger, genialer. (ABB. 29) Das hängt wahrscheinlich mit der bereits oben charakterisierten Erscheinung zusammen, daß tatsächlich in der spätarchaischen Epoche ein Absinken der monumentalen Kräfte, ein Mangel an innerer Größe der figürlichen Bilder feststellbar ist. Inwieweit davon auch der Apollon-Tempel von Eretria auf Euböa und sein Giebel betroffen war, auf dem der Raub der Amazone Antiope durch den attischen Helden Theseus dargestellt ist, läßt sich bei der Spärlichkeit des Erhaltenen noch nicht *Eretria* sagen. Es ist zu hoffen, daß die durch gemeinsame griechisch-schweizerische Initiative dort neu aufgenommenen Grabungen den Bestand an architektonischen und plastischen Fragmenten so bereichern, daß über den ganzen Bau ein besseres Urteil möglich wird. Er ist jedenfalls mit dem Athena-Tempel auf der Akropolis und dem Apollon-Tempel in Delphi die dritte größere Bau-Ausführung des spätarchaischen Zeitraums, die – wenn nicht überhaupt von Athenern – so doch unter starkem attischen Einfluß vollendet wurde.

In einen durchaus anderen geographischen und auch künstlerischen ABB. 58 Umkreis führt uns jedoch der Athena-Tempel von Paestum. Schon dadurch, daß er in den Maßen weit hinter dem etwa eine Generation früher ebenfalls in Paestum errichteten Hera-Tempel zurückbleibt, bekundet sich vielleicht die Einsicht des Erbauers, daß diese Spätzeit nicht dazu angetan sei, in gewaltigen, übergroßen Formen zu schaffen. Er hat die Hauptbedeutung für die Plan-Konzeption und für die Ansicht des glücklich und gut bis heute erhaltenen Gebäudes in feinster Zusammenstimmung der Teile und in der vollkommenen Durcharbeitung jeder Detailform gesucht. Daraus hat sich ergeben, daß in den architektonischen Formen »jede Heftigkeit des Ausdrucks fehlt und ebenso jede Härte in der Erscheinung der plastischen Körper«. Sie entbehren der Monumentalität, sind aber dafür zart und anmutig. Sie entsprechen innerhalb der Architektur vielleicht am meisten dem, was wir gegen Ausgang des 6. Jahrhunderts auch in den anderen Kunstgattungen als einen Verlust an ›Gewichtigkeit‹ und als einen Gewinn an Ornamentalisierung bezeichnet haben. Sie entsprechen daher in ihrem Bereich auch am meisten den sensiblen und virtuos gestalteten Leistungen der Kleinkunst, in denen die spätarchaische ›Märchenwelt‹ ihren adäquaten Ausdruck findet. Daß eine solche Formgesinnung sich nun auch so vollkommen in einem Bauwerk äußern kann, liegt z.T. an dem landschaftlichen Gebiet, in dem die Schöpfung verwirklicht wurde. Von Anfang an haben die Griechen im italischen Kolonialland eine sanftere Sprache gesprochen als im Mutterland. Reichtum und Lebensgenuß, aber auch Glanz und Anmut des Kunstschaffens sind für die griechischen Städte auf italischem und sizilischem Boden kennzeichnend. Es ist dies der Beitrag, den sie

Großgriechenland

Fig. 35 – Paestum, Athenatempel. Um 510 v. Chr. (F. Krauss, Die Tempel von Paestum I, 1 Taf. 3)

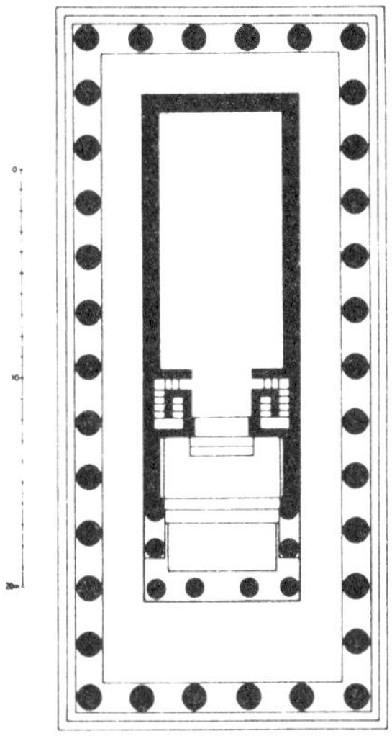

zum Gesamtbild der hellenischen Nation und der griechischen Kunst beisteuern und den man auf keinen Fall in diesem Bilde vermissen möchte.

Der um 510 v. Chr. gebaute Tempel ist auch das früheste Beispiel für eine Vermischung, nein besser: Für eine harmonische Vereinigung von dorischer und jonischer Bauordnung. Bestimmte Einzelheiten der Grundrißgestaltung und des Gebälks, die sonst nur an Bauten jonischer Bauordnung vorkommen, treten hier an einem in der Hauptsache und zunächst in der äußeren Erscheinung des Säulenkranzes dorischen Bauwerk auf. Vor allem sind aber die Säulen, die unmittelbar vor der Cella stehen und zu ihrer Vorhalle gehören, jonische Säulen, die auch jonische Kapitelle tragen. Der Typus der Cella ist nicht der für die dorische Ordnung jetzt übliche FIG. 35
des doppelten Antenhauses und auch nicht ein einfaches Antenhaus von der Grundrißform des Schatzhauses der Siphnier, sondern ein prostyles Gebäude, d. h. daß man nicht durch zwei Säulen, Pfeiler oder Karyatiden, die ihrerseits auf der Höhe der vorgezogenen Mauerstirnen, also der Anten stehen, in die Vorhalle gelangt, sondern durch eine Reihe von insgesamt vier Säulen, die vor den dementsprechend verkürzten Anten stehen. Dieser Typus ist beim

Athena-Tempel in Paestum noch dadurch bereichert, daß die vorgezogenen Mauerstirnen nicht zu Anten verdickt sind, sondern durch eine unmittelbar angefügte Halbsäule verdeckt werden. Eine weitere Säule steht zwischen dieser Halbsäule und der Prostasis. Die Anzahl der Säulen steht im kanonischen Verhältnis 6:13.

VASENMALEREI

Die zauberhafte Anmut der spätarchaischen Schöpfungen wird in der Kunst der Vasenmaler am deutlichsten. Sie führen uns mit leichter Hand am besten in die spätzeitliche Märchenwelt ein.

Späte Periode des Exekias

Selbst Exekias vergißt auf den Bildern aus den zwanziger Jahren den heroischen Hauch seiner Werke aus den reifen Mannes- und Meisterjahren. Das allerdings beweist, daß er wohl an Jahren, nicht jedoch in seiner künstlerischen Fähigkeit gealtert war. Zu seinen spätesten Arbeiten gehört ein sich kelchförmig ausweitendes Mischgefäß, ein ›Kelchkrater‹, der bei den Ausgrabungen amerikanischer Archäologen auf dem Staatsmarkt von Athen gefunden wurde und jetzt dort im Agora-Museum ist. (ABB. 59) Über den Henkeln ist hier kein Ornament, sondern ein figürliches Bild gemalt, das aber dennoch ornamentalen Charakter hat. Von dem Henkel wachsen Rebstöcke auf, wie aus dem Schiff des Dionysos auf der Münchner Schale, und diese Rebstöcke verzweigen sich und tragen Blätter und reiche Frucht. Auf einer der dünnen Ranken, ja auf der zartesten Ranke dieses Weinstocks sitzt eine Nymphe, getragen in einem unwirklichen Gleichgewicht, sich schaukelnd wie im Traume. Ein traumhaftes Bild.

Schon bei den Waffen und den Mänteln der im Zelte vor Troja mit dem Brettspiel beschäftigten Helden hatte Exekias versucht, mit der reichen und stark detaillierten Innenritzung Wirkungen zu erzielen, wie sie für die Technik der rotfigurigen Malerei mit den feineren, vor allem aber biegsamen Malwerkzeugen viel leichter zu erreichen waren. Noch stärker tritt diese Absicht bei dem Bogenschützen in skythischer Gewandung zutage, (ABB. 61) mit dem das Fragment einer Amphora im Museum der Universität von Philadelphia verziert ist. Die ganze Gestalt steckt in einem mit ornamentalen Mustern übersäten Anzug. Vor der Mitte des Körpers hängt der große Köcher. Die Hände halten den elastischen, sehr großen Bogen. Eine Kappe bedeckt den Kopf, aber die Füße sind nackt. Diese

Erscheinung der skythischen Bogenschützen ist auf den gleichzeitigen rotfigurigen Vasen ebenfalls höchst beliebt. Wieder tritt Exekias mit seiner Leistung, die die feinsten Möglichkeiten der traditionellen Technik ausschöpft, in Konkurrenz zu den Anhängern der neuen, der rotfigurigen Malweise. Die späte Entstehungszeit des schwarzfigurigen Bogenschützen wird dabei schon allein durch die meisterhaft einprägsame Art der Schilderung der Bewegung auf leisen Sohlen, mit der die Gestalt sich vortastet, und durch die lebendig und zügig geführten Umrißlinien kenntlich, mit denen die Figur auf das tongrundige Bildfeld gesetzt ist.

Etwa 10 Jahre nach dem Bogenschützen ist die Zeichnung des frührotfigurigen Malers Oltos auf einer Amphore des Britischen Museum entstanden. Oltos konnte sich hier schon die Erfahrungen und Errungenschaften der Maler zunutze machen, die zur ältesten Generation der Anhänger der neuen Technik gehören; auch hatte er selber schon Erfahrungen gesammelt. Das Gefäß, auf dem er gemalt hat, bietet auch selber und abgesehen von den prallen, plastischen Formen des wieder in einheitlichem Schwung gespannten Gefäßkörpers neue Reize farbiger Natur. Nicht nur, daß die tongrundige Unterseite des Fußes auch in der Ansicht der stehenden Vase zu farblicher Wirkung kommt und daß die niedere Trennungsscheibe zwischen Fuß und Gefäß purpurn bemalt ist, – die aufstrebenden Henkel im gewachsten Glanz der Tonfarbe entsprechen einerseits der einsam auf dem metallischen Schwarz der Gefäßfläche stehenden Figur und setzen sich andererseits so sehr von dem dunklen Gefäßkörper ab, als wenn sie aus einem völlig anderen Material bestünden oder eigentlich nicht zum Ganzen dazugehörten!

Oltos

ABB. 63

Die einzige Figur auf der anderen Seite der Amphora ist ein Krieger mit der Beischrift Achilleus. Der Mädchengestalt in jonischer Tracht, Chiton und Mantel, ist der Name Briseis beigeschrieben. Im Haar trägt sie einen Kranz, in der Linken hält sie eine zarte Blüte, die gerade der Nase genähert wird, während das schmale, mandelförmige Auge entzückt auf diese Blüte blickt. Briseis hat keine Standlinie, kein Podest, durch das ihr Platz auf der Vasenfläche gefestigt wäre. Sie schwebt wie die Nymphe des Exekias im Rebengeschlinge oder vielmehr *noch* unwirklicher als diese, da nicht einmal ein Zweiglein sie trägt. Dennoch ist die Zeichnung des Oltos selbstverständlicher; sie wirkt realer, nicht etwa unwirklicher als die Nymphe des Exekias. Oltos hat mit dieser Dekorationsform eine neue Konvention begründet, die in den ersten Jahrzehnten des 5. Jahrhunderts Triumphe feiern wird. Spätere Maler haben es manchmal für nötig gehalten, Einzelfiguren auf schwarzer Fläche eine feste Bühne in Gestalt einer Linie oder eines Ornamentstreifens zu geben. Aber der neue Bildtypus wird ja gerade durch das Widerspiel zwischen gewölbtem Grund und gegenständlich klar darauf gesetzter Zeichnung bestimmt, und schon sein Schöpfer hat ihn virtuos in diesem Sinne zu verwenden verstanden. Wenn aber dem neuen Dekorationstypus als solchem eine Zukunft beschert war, kann doch die Zeichnung selbst nur in der zauberhaften Poesie der Spätzeit verständlich sein. Sicher ist sie noch in der Zeit des Tyrannen Hippias, also vor 510 v. Chr. entstanden.

Entwicklungsgeschichte der Amphorenformen

Wenn man sich an dieser Stelle die Entwicklung vergegenwärtigt, die diese Vasenform, die Amphora, vom späten 8. Jahrhundert bis zum späten 6. Jahrhundert durchlaufen hat, muß die Vielzahl der Möglichkeiten von Aufbau, Konturführung und Dekorationstypen erstaunen. Zugleich wird damit aber an einer Sonderform repräsentativ die griechische Kunstgeschichte für den Zeitraum, der in diesem Band behandelt ist, demonstriert. Unser Weg hat uns von den schlanken, fast ätherisch anmutenden Formen, in und mit denen der geometrische Stil gleichsam zerfließt und die von der
B.A. 10 spätgeometrischen, vielleicht etwas manierierten Amphora im Louvre vertreten werden, zu den kräftigen, ausladenden und doch stramm gespannten Formen der Amphora mit dem Polyphem-
B.A. 11 Abenteuer geführt. Etwa der gleiche zeitliche Abstand, der zwischen diesen beiden Gefäßen liegt, trennt auch die Polyphem-Vase
ABB. 21 von der schwarzfigurig dekorierten monumentalen Grabamphora

ABB. 61 – Skythischer Bogenschütze. Scherben einer Bauchamphora des Exekias. 530–520 v. Chr. *Philadelphia, Universitätsmuseum. Vgl. S. 186*

ABB. 62 – Amphora des Taleides. Attisch, um 530 v. Chr. Ton mit Firnisbemalung, Deckweiß und Deckrot. *Höhe 30 cm. Aus Agrigento. New York, Metropolitan Museum of Art*

61

62

63

64

vom Piräus. Interessant ist ein Vergleich der Pferde auf der geometrischen und schwarzfigurigen Vase miteinander. Die Bilder – etwa in einem Abstand von 80 Jahren gemalt – zeigen sowohl das zähe Weiterleben des letztlich gleichen Typus, wie auch die plötzliche Verfestigung und Monumentalisierung der schwarzfigurigen Tiere. Wiederum etwa 80 Jahre jünger sind dann die Amphoren des Exekias in Boulogne-sur-Mer und des Amasis im Louvre. Die schwarzfigurige Malweise steht jetzt so sehr im Zenith ihrer Entwicklung, daß die Bilder der Piräus-Amphora von hier aus gesehen nur als vielleicht großartige, aber in ihren Dimensionen auch fast unheimliche Vorstufe gelten können. Die Gefäßform als solche hat sich jetzt in die streng und prinzipiell voneinander unterschiedenen Typen der Bauchamphora und der Halsamphora aufgespalten. Selbstverständlich bleibt entsprechend dem Wesen der schwarzfigurigen Art der Charakter der Bilder wie bei Amasis, so bei Exekias konsequent zweidimensional, d. h. flächig. Bei der Oltos-Amphora im Britischen Museum schließlich, etwa dreißig Jahre später, tritt zur klaren Tektonik der Gefäßform, die der Vase eine bis dahin unerhörte Plastizität gibt, die Eroberung desjenigen künstlerischen Bereichs, den die rotfigurige Malweise erschlossen hat. Jetzt scheint auch die gemalte Gestalt mit Plastizität ausgerüstet, sie tritt gleichsam statuarisch vor den für sie neutralen Hintergrund der Vasenfläche.

ABB. 36, 38

ABB. 63

Einfluß der Staatsform auf die Kunst

Ist die Annahme berechtigt, daß während der Zeit der Tyrannenherrschaft und durch diese Staatsform ein bestimmter Menschentypus, zum mindesten in Athen, geprägt wurde? Es kann als sicher gelten, daß sich in dieser Zeit und begünstigt durch die Tyrannis ein spürbarer jonischer Einfluß in der attischen Plastik und Architektur nachweisen läßt. Die meisten der Akropolis-Koren sind dafür ein deutliches Beispiel. Oder auch Baubeginn und Planung eines

ABB. 63 – Amphora des Töpfers Euxitheos, das Bild der Briseis ist von Oltos gemalt. Um 510 v. Chr. *London, British Museum. Vgl. S. 187, 193 ff.*

ABB. 64 – Peleus entführt Thetis. Außenbild einer Trinkschale, von Euphronios gemalt. Um 500 v. Chr. *Höhe des Bildfrieses 12,6 cm. Athen, Nationalmuseum. Vgl. S. 197*

großen Zeus-Tempels in den Jahren um 520 v. Chr. Auch Athen sollte einen dieser überdimensionierten Tempel bekommen, wie es sie sonst nur im jonischen Ostgriechenland gab; natürlich ist ein solches Bauwerk nur in der jonischen Bauordnung konzipierbar. Nach dem Sturz des Hippias, in der Zeit der attischen Demokratie, blieb der Tempel unvollendet liegen. Vollendet wurde er erst durch die Initiative des Kaisers Hadrian; dann aber in der während der römischen Kaiserzeit überwiegend verwendeten, der korinthischen Bauordnung. Auch verdient die Verbindung zwischen dem Hof des Polykrates von Samos und dem der Söhne des Peisistratos hervorgehoben zu werden. Auf das geistige Leben am Hofe des Polykrates war die Anwesenheit der Lyriker Ibykos und Anakreon gewiß nicht ohne Wirkung. Anakreon kam von Samos nach Athen; wahrscheinlich zu dem Zeitpunkt, nachdem Polykrates von den Persern gefangen genommen und getötet worden war. In Athen gehörte er, zusammen mit dem Dichter Simonides von Keos, zum Kreise um Hipparchos. Die jungen Leute vornehmer Abkunft, die diesem Kreise angehörten, mögen manchmal in ihrem zivilisierten, distinguierten Gehaben eine Affinität zu den Gestalten des Amasis gehabt haben oder später sogar den ein wenig dekadenten Jünglingen ähnlich gewesen sein, wie sie als elegant gekleidete Zuschauer und
ABB. 63 Zuhörer auf den Amphoren des Andokides auftreten. Die Briseis des Oltos ist nicht ohne weiteres mit diesen salbenduftenden Vertretern der jeunesse dorée des damaligen Athen in einem Atem zu nennen. Sie steht eher in Verbindung mit den Wettkämpfen der Rhapsoden, durch die in den musischen Agonen des Panathenäenfestes die alten Epen neu belebt wurden. Jedenfalls drückt die subtile Zeichnung der Figur, der intensive Blick aus schmalem Auge, die Haltung der zur Nase geführten Blüte Lebensgefühl und Sitte aus, die sich am ehesten dem Bilde einer ›höfischen‹ Kunst einfügen. Man würde denken, daß die rotfigurige Vasenmalerei nach Vertreibung der Tyrannen andere Züge trägt. Man hat daher, in diesem Sinne, mit einem gewissen Recht den Bildern des Oltos die »neue Größe des Stils eines Euphronios und Euthymides« entgegengestellt. Derartige Unterscheidungen zwischen der Kunst *vor* 510, dem Jahr des Sturzes von Hippias, und *der Zeit danach,* als

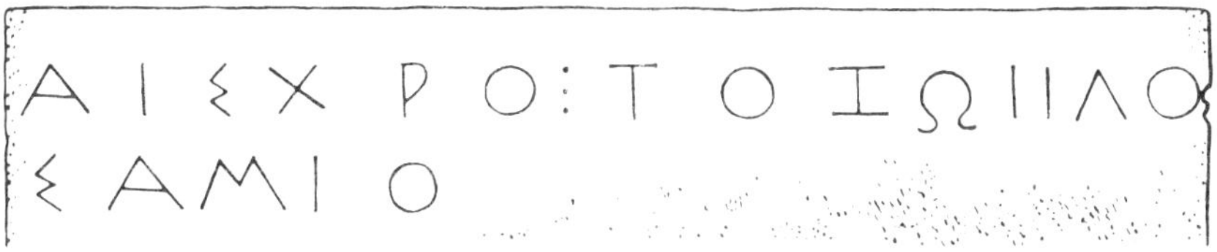

Fig. 36 – Inschriftbasis einer Grabstatue, Marmor. Um 520–10 v. Chr. Athen, Kerameikos-Museum (Athen. Mitt. 78, 1963, Beilage 69, 2)

Kleisthenes eine neue Verfassung eingeführt hatte, lassen sich treffen. Auch in der Plastik, und speziell in der Kunst der Grabmäler, hat man von einer peisistratidischen und einer kleisthenischen Ära gesprochen. Sicher gehört der Epoche der Peisistratiden, also des Hippias und des Hipparchos, die Grabstatue an, die auf einer jetzt noch erhaltenen Statuenbasis mit der Aufschrift: »Grab- FIG. 36
mal des Aischros aus Samos, des Sohnes von Zoilos« stand. Diese Basis ist nicht etwa auf Samos, sondern in der athenischen Nekropole vor dem Dipylon gefunden worden. Aischros wurde also in Athen bestattet. Daß er seine Heimat nach dem Tode von Polykrates verlassen hat, ist durchaus möglich. Er ist dann in dem Athen der Peisistratiden verstorben. Ein Bildhauer aus Samos hat – das bekräftigen die stark fragmentierten Reste einer wahrscheinlich zur Basis zugehörigen Statue – sein Grabmal gearbeitet und noch die Inschrift auf dem Sockel im samischen Alphabet eingemeißelt. Im Vergleich mit den Schriftformen der attischen Inschrift der FIG. 32
Phrasikleia wird man an der Aischros-Inschrift aber auch den Unterschied zwischen peisistratischer und peisistratidischer Struktur ablesen können. Der Ornamentcharakter der Schriftformen läßt diesen Unterschied besonders deutlich hervortreten. Die Veränderung des Schriftbildes zeigt nämlich seismographisch nicht nur eine Veränderung der Kunst, sondern des ganzen Kulturgefüges an.

Ähnlich ist das chronologische Verhältnis zwischen der oben besprochenen Exekias-Kore und dem Kopf einer Korenstatue, der ebenfalls auf der Akropolis gefunden wurde, jedoch wegen seines Stils um etwa zwanzig Jahre später entstanden sein muß. Uns stellt

Attische Plastik in der Frühzeit der Demokratie

sich nun die Frage: sind die Formen dieses Kopfes noch ein Spiegelbild der letzten Jahre der Regierung des Hippias oder entstammen sie bereits der Zeit, in der Athen sein eigenstes Urbild einer Einrichtung des Staatswesens, die Demokratie, gefunden hatte? Die Wandlung, die sich in der Gestaltung des Antlitzes von der Exekias-
B.A. 17 Kore bis zu dem vereinzelten, zum ersten Male in seiner besonderen
B.A. 14 Bedeutung von H. Payne erkannten Kopf vollzogen hat, ist nicht gering. Ein viel komplizierteres geistiges Geschehen ist jetzt in den Gesichtszügen gestaltet, demgegenüber die Exekias-Kore einfacher und unmittelbarer wirkt. Doch zeigt sich das künstlerische Vermögen des jüngeren Bildhauers auch darin, daß trotz der kontrastreicheren, pralleren Modellierung der Einzelheiten doch in der Durchbildung der Oberfläche und in der Konturführung sein Werk eine mindestens so starke künstlerische Einheit wie die Exekias-Kore besitzt. Das menschliche Wesen, das sich hier ausspricht, ist verhaltener, stiller, vielleicht bewußter als es die vorbrechende, unreflektierte Art der Exekias-Kore zugelassen hätte. Am klarsten wird diese Besonderheit des Kopfes faßbar, wenn man die Modellierung der dicken, weichen Lider und des breiten, wie sich öffnenden Mundes analysiert. Diese Details, so ausdrucksstark und voll sie sind, »scheinen doch« – ich wiederhole die Formulierung Paynes – »nichts anderes zu sein als die natürliche Folge der sie umgebenden Formen«.

So gesehen, wird der Kopf eher verständlich als ein Zeugnis für die Zeit, die auch die Verfassung des Kleisthenes hervorgebracht hat. Zwischen der Exekias-Kore und dem Kopf wären dann nicht nur andere Koren von der Akropolis wie etwa diejenigen mit den Inventarnummern 670, 672 und 673 anzusetzen, sondern vor allem
ABB. 63 auch das Briseis-Bild des Oltos, das in seinem Wesen trotz größeren zeitlichen Abstands mehr von der Exekias-Kore als von dem jüngeren Kopf hat. Ein solcher zeitlicher Ansatz wird aber auch durch
FIG. 37 attische Reliefwerke dieser Zeit bekräftigt. Da ist zunächst eine monumentale Basis zu nennen, die wiederum aus der Nekropole am Kerameikos stammt und ursprünglich eine Grabstatue trug. Auf den drei reliefierten Seiten dieser Basis sind Sportszenen – Ballspiel, Ringkampf, Speerwerfen – und vier junge Männer darge-

stellt, die interessiert die Feindseligkeit betrachten, die sich zwischen einer Katze und einem Hund anspinnt. Die Reliefs besitzen nicht ganz die künstlerische Qualität des gerade behandelten Koren-Kopfes, aber die gleiche Formensprache. Das archaische Neben-einander-Stellen der Einzelformen macht langsam der Absicht Platz, die autarken Details einer beherrschenden Gesamtkonzeption unterzuordnen. Darin äußert sich eine Geisteshaltung, die sicher nicht so unproblematisch ist wie die archaische, die dafür sich aber sogar demjenigen Moment der eigenen Festigung nähert, in dem eine Problematik nicht nur in der künstlerischen Gestaltung als Bedrohung einer Formtradition existent ist, sondern dem Künstler auch bewußt wird.

Die Faltenstilisierung der auf der Reliefbasis dargestellten Mäntel erlaubt es, diese charakteristischen Formen und damit zugleich das, was sie ausdrücken, in die nächstjüngere Entwicklungsphase und von der einen Kunstgattung in die andere zu verfolgen. Wie sich die Darstellung und die Wesenheit des Menschen von der Exekias-Kore zur Briseis des Oltos, von dort zu dem Koren-Kopf und wiederum von dort zu der Basis der Grabstatue verfolgen ließ, so wird diese Entwicklung durch ein Vasenbild abgeschlossen, das als Ausklang der Geschichte der archaischen Kunst gelten kann. Schon mit seinen frühesten Bildern, die sich in das letzte Jahrzehnt des 6. Jahrhunderts und wohl in den Anfang dieses Zeitraums datieren lassen, hat Euphronios eine gewisse Zierlichkeit überwunden, die den archaischen Stil und damit ebensowohl die Spätwerke des Amasis und Exekias, wie die rotfigurigen Vasen des Andokides, des älteren Epiktet und des Oltos kennzeichnet. Dazu gesellt sich in einem Bild, das vielleicht schon im 5. Jahrhundert entstanden ist, eine eigentümliche, fast etwas bedrückende Stille, ja etwas wie ein Hauch von Schwermut.

Vasenmalerei in der Frühzeit der Demokratie

ABB. 64

Es handelt sich um eine nicht allzu große Anzahl von Scherben, die zusammengefügt den Teil eines Bildfrieses auf der Außenseite einer Trinkschale ausmachen. Rechts sind Buchstaben erhalten, die das Ende der Signatur sind, mit der sich Euphronios als Maler der Schale signiert hatte. Oben steht vor einem nur in seinem unteren Teil noch sichtbaren Gesichtsprofil die Beischrift *Thetis*. Dadurch

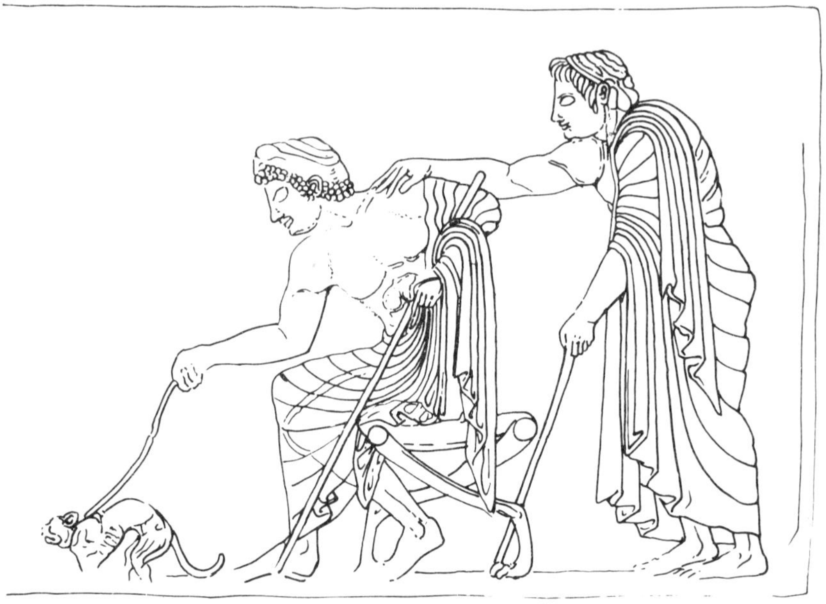

Fig. 37 – Von der Reliefbasis eines Grabmonuments, Marmor. Nach 510 v.Chr. Athen. Nationalmuseum

ist das Thema gegeben: die Heimführung der Meergöttin Thetis durch Peleus. Das ist kein Brautraub wie ihn Euthymides in einer Entführung der Korone durch Theseus auf einer Amphora der Münchner Vasensammlung gemalt oder der Bildhauer mit der Entführung der Antiope durch denselben Theseus im Giebel von Eretria gestaltet hatte! Statt dessen langsame, zögernde Schritte, verhaltene Gesten. Dadurch daß der obere Teil des Friesstreifens nicht erhalten ist, bemüht sich der Betrachter vielleicht intensiver um ein Verständnis der Darstellung; um so eher und leichter erschließen sich aber dann dem Blick die bezeichnenden Züge. Links steht der fahrbereite Wagen, dem Peleus die Thetis zuführt. Andere, langgewandete Gestalten werden sichtbar. Rechts eine schmale Doppellinie: wahrscheinlich ein schräg gehaltener Speer. Die besondere Stimmung des Bildes konzentriert sich in der Haltung der Hände des bräutlichen Paares. Peleus hat mit der Linken

Thetis am Handgelenk ergriffen. Aber die gespreizten Finger verraten, wie locker und sanft dieser Griff ist. Und Thetis streckt nicht nur die Finger dieser gehaltenen Hand in der Richtung des Weges, den alle Figuren und der Wagen nehmen, vor, sondern auch noch Zeige- und Mittelfinger der Linken. An ihrem linken Unterarm trägt sie ein mehrfach gewundenes Armband. Auch das Ornamentband, das aus liegenden Palmetten gefügt ist und das die Darstellung als Sockel oder Standfläche trägt, sollte außer dem Figurenfries doch beachtet werden, so bruchstückhaft es erhalten ist.

Die Form der Palmettenblätter in diesem Ornamentband wirkt um ein geringes altertümlicher als die Blätter der drei Palmetten, die sich in dem Segment eines runden Bildes im Inneren einer Trinkschale befinden, die vielleicht das letzte von der Malerhand des Euphronios verzierte Gefäß ist. Signiert hat diese Schale, und zwar ABB. 60
als Töpfer, Sosias; während sich die Signatur des Euphronios noch auf jüngeren Vasen befindet, aber jetzt jeweils nur in Gestalt einer Signatur als Töpfer.

Das Innenbild der Schale des Sosias spricht von einer neuen Beziehung zwischen Mensch und Mensch. Nicht zufällig zeigt sich diese Beziehung in einem Bilde, das die Hilfe eines Kriegers für einen anderen, eines jüngeren Mannes für einen älteren, zum Thema hat: Achilleus verbindet den verwundeten Patroklos. Wie einerseits alle Einzelheiten hier minuziös gegeben, aber eindrücklich der Bildidee subordiniert sind, zeugt von bisher ungekannten Möglichkeiten einer Komposition, die aus Körperlichem und Seelischem in völliger Harmonie besteht. Denn als sinnvoll bewegte organische Gebilde sind die Körper in ihrer Bewegung, die stark im Knie gewinkelten Gliedmaßen wie das gegen den Bildrahmen gestemmte Bein des Patroklos verstanden. Der umgekehrt auf den Boden gelegte Schild, auf dem Patroklos sitzt, gibt der Gruppenkomposition Festigkeit. Die stützende Bewegung der rechten Hand des Patroklos, sein abgewandt geneigtes Haupt, sein geöffneter Mund, der sorgsam genau auf die Binde gerichtete Blick des Achilleus: diese formalen Mittel geben der Darstellung nicht nur Stimmung, sondern seelische Konzentration. Auch hier ist, in dieser Konzentration, eine neue Bewußtheit enthalten. Stimmung, die vom Bildinhalt und von der Gestaltung des Themas nicht ablösbar war, wiesen auch schon die reifen Kompositionen des Exekias auf. Diese Stimmung war aber den Bildern als eine Selbstverständlichkeit inhärent, sie war nur vorhanden, und ohne jede Problematik. Beim Aufkommen einer Bewußtheit des Menschen über seine Taten wird in ihm eine bisher nicht gespürte Verantwortung lebendig. Daß dieses Gefühl jetzt vorausgesetzt werden kann, hat diese Bilder gegenüber ihren Vorgängern verändert. Sie stehen eigentlich schon nicht mehr innerhalb des archaischen Kosmos. Daher wird die Frage dringlicher, ob diese Veränderung mit dem Ende der Tyrannis und mit der Einrichtung der attischen Demokratie zu tun hat.

Perserkriege

Noch vor 50 Jahren hat man allgemein diese Veränderungen und ebenso auch die Grenze zwischen der archaischen und der klassischen Kunst der Griechen als ursächlich bedingt gesehen durch die Tatsache der Perserkriege. Die unermeßliche Bedrohung Griechenlands durch die Perser und die unerwartete Behauptung der Hellenen gegen die feindliche Übermacht sollte den Ernst der frühklassischen Kunst, die strengen und zugleich freien Formen, sollte die ethischen Wertsetzungen der Dramatiker, das Nationalbewußtsein der Griechen verursacht haben. Dann aber wurde damals versucht, die Perserkriege und die mit ihnen verbundenen Geschehnisse eher als ein Symptom und nicht als Ursache der neuen Dimensionen von Form und Geist zu erkennen. Heute sind wir vielleicht geneigt, in ähnlicher Weise auch die veränderten staatlichen und gesellschaftlichen Strukturen symptomatisch zu sehen und auf tiefere, nicht sichtbar zutage liegende Ursachen zurückzuführen. Aber bedeutet denn die Umwandlung der Staatsform in Athen, so tief sie in das Leben des einzelnen Atheners eingriff, überhaupt eine bestimmende Strukturveränderung, einen Umbruch für ganz Griechenland?

Kontinuität der attischen Politik und der Geschichte der archaischen Kunst

Diese Frage kann mit Sicherheit verneint werden. Selbst für die Stadt Athen und für das attische Land darf man sich das Resultat der kleisthenischen Verfassung nicht als einen tödlichen Schlußstrich unter die ganze bisherige Entwicklung vorstellen. In ereignisloser Ruhe war das Leben der griechischen Stadtstaaten auch vor der Einrichtung der attischen Demokratie ohnehin während des

6. Jahrhunderts nicht verlaufen, am wenigsten in Athen. Und dennoch macht in dieser Zeit der Verlauf der Geschichte, und nicht nur der attischen, einen konsequenten Eindruck und wirkt beinahe wie auf ein Ziel hin vorbestimmt. Manche der in Solons Verfassung latent enthaltenen Gedanken, die aber die Durchführung anderer Reformen voraussetzten und daher zu Beginn des 6. Jahrhunderts noch nicht in die Tat umgesetzt werden konnten, wurden durch Peisistratos verwirklicht. Die endgültige Befreiung der bäuerlichen Bevölkerung wurde z. B. erst von Peisistratos durch eine Landverteilung erzielt und damit die Abgabepflicht eines Sechstels des Ertrages für diejenigen Kleinbauern abgeschafft, die bis dahin diesen Zins leisten mußten. Auf diesem Wege schritt nun Kleisthenes noch weiter, indem er einer großen Anzahl von Anwohnern, die aber das Bürgerrecht bisher nicht besaßen, dieses verlieh. Er bewegte sich auch damit noch in der gleichen Richtung der solonischen Politik. Dieselbe über weiten Zeitraum reichende Konsequenz ist auch in der kulturellen Organisation festzustellen. Die Panathenäen wurden sechs Jahre vor dem Staatsstreich des Peisistratos gegründet. Aber der Tyrann baute sie weiter aus, vor allem auch die Agone der Musiker und der Rhapsoden; und selbstverständlich war auch noch nach Hippias und über die Zeit des Perikles hinaus das Panathenäenfest Mitte und Schwerpunkt des attischen Kalenders. Die Aufteilung der Gesamtbevölkerung allerdings in die zehn neuen Phylen, die organisatorische Vermischung der bäuerlichen und der städtischen Bürger und auch die Einführung des Ostrakismos: das waren absolute Neuerungen der Demokratie, die an die Wurzeln griffen. Und dennoch hat man auch bei ihnen den Eindruck, daß durch sie eine allmählich im Denkprozeß der Athener vollzogene Wandlung abgeschlossen und durch die Verfassung des Kleisthenes allgemein sichtbar wurde. Wäre das nicht der Fall gewesen, hätte Kleisthenes niemals als ein Einzelner und auch nicht mit der Unterstützung des ganzen Geschlechtes der Alkmäoniden sich durchsetzen können.

Kunst, Politik und Religion

Soviel zur letztlich einheitlichen Entwicklung von Politik und Kunst im archaischen Athen. Hinsichtlich der lokalen Sonderformen und der autarken Eigenart der verschiedenen griechischen Landschaften ist darüber hinaus zu sagen, daß Athen, obwohl sich dort seit 630 v. Chr. die künstlerischen Kräfte Griechenlands wie in einem Brennpunkt gleichsam gesammelt haben, trotzdem oder vielleicht gerade deswegen immer mehr zum repräsentativen Vertreter, zum exemplarischen Beispiel für fast alle griechischen Städte geworden ist. Durch eine solche Behauptung werden gewiß nicht die zahlreichen Strukturunterschiede, die wir im Vorausgehenden immer wieder feststellen konnten, widerlegt. Nur der Rhythmus der Entwicklung und die Aufeinanderfolge der einzelnen Stilphasen ist in allen Landschaften dieselbe. Das gilt sogar für die politischen Phänomene. Obwohl es z.B. im 6. Jahrhundert nur in einigen Gebieten die Staatsform der Tyrannis gab – neben Athen und Samos vor allem die Insel Naxos, wo der auch mit Polykrates verbündete Lygdamis herrschte –, sind doch, unter einem allgemeineren Aspekt betrachtet, die politischen und kulturellen Ambitionen, wie auch die jeweiligen Mittel zu ihrer Durchführung nicht grundsätzlich von denjenigen der Tyrannen verschieden. Besonders aber bildete sich durch die vollkommene Einheitlichkeit der Religion, die immer wieder durch die großen Festspiele sportlicher Art in den überregionalen Heiligtümern hervortrat, und unter der Herrschaft der vielerlei vornehmen Geschlechter, ob nun die Staaten von einem Tyrannen regiert wurden oder nicht, der nationale Gemeinschaftssinn der Griechen heraus, der dann doch imstande war, dem persischen Angriff zu widerstehen, und ohne den später auch Pindar und Sophokles, Phidias und Polyklet nicht vorstellbar wären.

Religion und Philosophie

Hier muß ausdrücklich an eine Auflockerung der mythologischen und religiösen Formen, auf die uns die Betrachtung der Bildwerke oben schon hingewiesen hatte, noch einmal erinnert werden. Es ist die Ausbreitung des Dionysos-Kultes und seine Verwurzelung in der religiösen Erfahrung aller Bevölkerungsschichten. Diese Ereignisse fanden im 6. Jahrhundert statt. Eindeutiges Zeugnis dafür sind die dionysischen Bilder vor allem der attischen Vasenmaler und die Darstellungen des Dionysos selbst. Einen chronologischen Fixpunkt der den Sieg dieser Bewegung bedeutet, gibt schließlich die Einrichtung des Dionysos-Kultes mit theatralischen Aufführungen und die Erbauung des Dionysos-Tempels in Athen.

Philosophisch-mystische Strömungen wie die Orphik und die in den letzten Jahrzehnten des 6. Jahrhunderts begründete Lehre des Pythagoras sind dem dionysischen Kult wenigstens verwandt und werden in der spätarchaischen Kunst vor allem Unteritaliens ihre Wirkung gehabt haben. Dagegen kann man den wohl nur wenige Jahre nach Pythagoras geborenen Heraklit nicht mehr als einen letzten Denker des archaischen Griechenland bezeichnen. Soweit sich aus den spärlichen überlieferten Fragmenten seine Lehre von den seelischen Spannungen, von den Antinomien überhaupt erkennen läßt, führt seine Philosophie eher in die dramatische Gespanntheit des 5. Jahrhunderts ein. Daß er von der jonischen Naturphilosophie konsequent überleitet zu einer Metaphysik, ist die bewußte Entscheidung eines nacharchaischen Geistes. Denn archaisch ist das Ding an sich, die Materie, die Substanz. Archaisch ist aber auch in gleicher Weise der geheimnisvolle Ursprung der Materie. Weder jene noch dieser sind ihrem Wesen nach transzendent; aber alles ist Natur. *Natur und Kunst*

Dazu sind zwei Einschränkungen zu machen oder vielmehr, nicht so sehr Einschränkungen als Bestimmungen. Diese Natur kann niemals formlos sein. Zwar äußert sie sich in aller Einfachheit, jedoch nur in klarer Gestalt. Wie die Griechen Berg und Wald, Meer und Fluß von konkreten Wesen belebt gesehen haben, so ist die Natur in jeder ihrer Erscheinungen und gerade auch als Kunstwerk geformt. Die Stilisierung der archaischen Kunst ist strenger als in irgendeiner anderen Kunstperiode. Zugleich wird vereinfacht, wird mit nur wenigen Typen hausgehalten. Um so stärker wird die Wucht, die Eindrücklichkeit, die Macht der Gestaltungen.

Zweitens – und das ist eigentlich durch die Natürlichkeit des Gegenstandes bereits in der Definition enthalten: die Materie ist niemals tote Materie, sondern wird immer als von Leben erfüllt erfahren, strahlt Leben aus. In der Materie ist durch die künstlerische Formung geistiges Leben eingebunden. Auch die dumpfe Natur erhält durch dieses geistige Leben Höhe und Reinheit.

In den drei Jahrhunderten, die wir durchschritten haben, waren Inhalt und Komposition der archaischen Gestaltung Wandlungen unterworfen. Strengste geometrische Stilisierung charakterisiert das ABB. 1

vierseitig gerahmte Bild zwischen den Henkeln der monumentalen Grabamphora. Die unheimliche Erfahrung von Trieb, Blutdurst, Tod, die die Griechen während der Revolutionen des 7. Jahrhunderts bis unmittelbar an die Grenze der Selbstzerstörung machten, ist in Tierbildern wie dem auf der Schulter einer korinthischen
ABB. 15
Kanne gestaltet. Diese Erfahrung findet noch einmal eine Steigerung in der wilden Dämonie der Gorgo von Kerkyra; und zugleich
B.A. 18
auch ihre Überwindung durch die Einschließung triebhafter Schreckensmächte mitten zwischen die Welten der olympischen Götter und der homerischen Helden. In der Mittelgruppe eines Giebels, der zu einem sehr kleinen Gebäude auf der Akropolis gehört haben muß, ist wieder ein Tierkampf gestaltet. Mit ihm
B.A. 19
klingt die archaische Kunst aus. Denn nicht mehr die übernatürliche Wildheit des Löwen der korinthischen Kanne ist das Thema, auch nicht eine grauenerregende Dämonie wie sie der Gorgo im Giebel von Kerkyra eigen ist, sondern eine gleichsam *natürliche* Wildheit, die den Tod des Stierkalbs fast als sinnvolles Schicksal, jedenfalls nur als Teilstück eines sehr viel umfangreicheren, aber eines geordneten, nach den Gesetzen des organischen Lebens geordneten Geschehens verstehen läßt. Auf dieser Stufe der Gestaltung hat sogar eine solch bewegte, tragische Szene Anteil an der Harmonie, an der neuen Stille des Daseins, am Gleichgewicht der Waage von Leben und Tod. Die klassische Kunst kündet sich an.

ANHANG

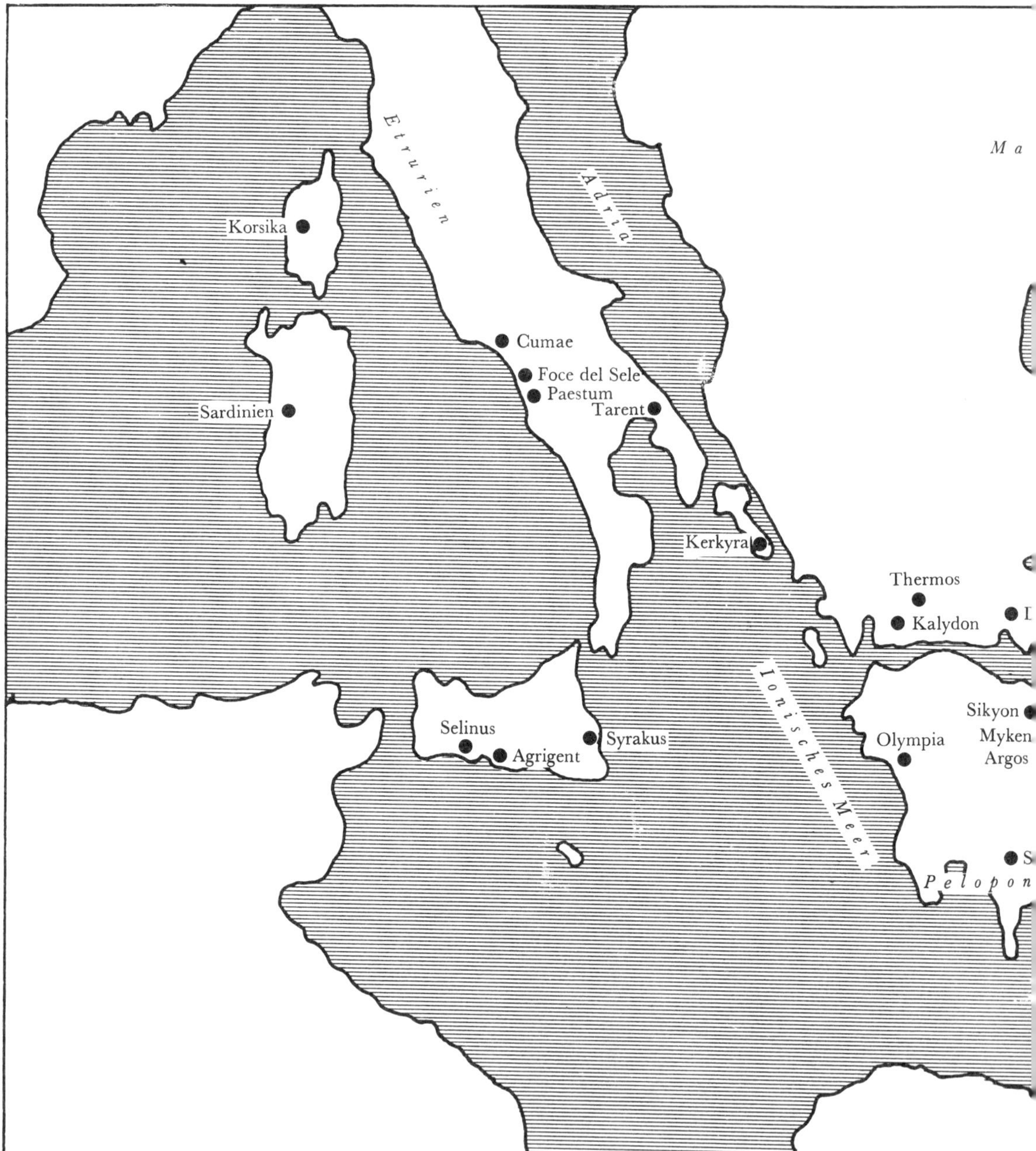

DIE GRIECHISCHEN STÄDT

ES MITTELMEERRAUMES

ERLÄUTERUNGEN ZUM BILDANHANG

(Die Bezeichnung B. A. = Bildanhang verweist im Textteil auf die folgenden Abbildungen)

1 – Früharchaische kykladische Amphora, Ausschnitt mit äsendem Hirsch. Um 650 v. Chr. Gefäßhöhe 59 cm. Stockholm, Nationalmuseum. Arias-Hirmer-Shefton, History of Greek Vase Painting Abb. 25.

2/3 – Elfenbeinfigur eines knienden Jünglings, Gerätteil (vgl. Fig. 11). Um 630 v. Chr. Höhe 14,5 cm. Athen, Nationalmuseum. E. Buschor, Altsamische Standbilder IV Abb. 241/42. Ergänzung: D. Ohly, Athen Mitt. 74, 1959, 54 Abb. 7.

4 – Grabstatue eines Jünglings, Marmor. 630–620 v. Chr. Höhe 1,93 m. New York, Metropolitan Museum. G. M. A. Richter, Metropol. Museum Studies V, 20ff.

5 – Sitzstatue, Weihgeschenk des Aiakes, Marmor, aus der Stadt Samos. Um 530 v. Chr. Höhe 1,51 m. Pythagoreion, Museum. E. Buschor, Altsamische Standbilder Abb. 141.

6/7 – Bronzehelm aus dem Zeusheiligtum von Olympia, Randnägel und eingelegte Spiralen, Silber. Um 560–550 v. Chr. Höhe 22,6 cm. Olympia, Museum. E. Kunze, VII. Olympia-Bericht, 84 Nr. 39, Taf. 52 bis 53.

8 – Panzer und Helm aus einem geometrischen Grab von Argos, Bronze. 8. Jahrhundert v. Chr. Höhe des Panzers 47,4 cm, Höhe des Helmes 46 cm. Argos, Archäologisches Museum. Bull. Corr. Hell. 81, 1957, 322ff., Taf. I–IV.

9 – Brustpanzer aus dem Zeusheiligtum von Olympia, Bronze. Um 540 v. Chr. Olympia, Museum. Arch. Deltion 17, 1961/62 II Taf. 134a.

10 – Frühattische Loutrophoros. Um 690 v. Chr. Höhe 80 cm. Paris, Louvre. Arias-Hirmer-Shefton, History of Greek Vase Painting Taf. II.

11 – Frühattische Grabamphora aus Eleusis. 1. Hälfte des 7. Jahrhunderts v. Chr. Höhe 1,42 m. Eleusis, Museum (vgl. Farbtafel Abb. 6). G. E. Mylonas, Protoattikos Amphoreus tis Eleusinos, Athen 1957. Arias-Hirmer-Shefton, History of Greek Vase Painting Abb. 12–13.

12 – Lakonischer Volutenkrater. Zweites Viertel des 6. Jahrhunderts v. Chr. Höhe 38 cm. Rom, Villa Giulia. P. Mingazzini, Vasi della Collezione Castellani Nr. 423 Taf. 42.

13 – Kopf der Chelidon, Metope von Thermos (vgl. Farbtafel Abb. 8). H. Kähler, Das griechische Metopenbild Taf. 19.

14 – Kopf einer Kore, Marmor, von der Akropolis. Um 510 v. Chr. Höhe 16 cm. Athen, Akropolis-Museum 643. H. Payne, Archaic Marble Sculpture from the Acropolis 37ff., Taf. 70–71.

15 – Lakonische Schale, Innenbild. Um 550 v. Chr. Durchmesser 17,5 cm. London, Brit. Museum B 1.

16 – Ostgriechische Amphora des Fikellurastils. Um 550–530 v. Chr. Höhe 31 cm. Altenburg, Staatl. Lindenau-Museum. Corpus Vasorum Antiquorum Deutschland 17, Altenburg 1 Taf. 10–12.

17 – Peploskore von der Akropolis, Marmor. Um 530 v. Chr. Höhe 1,18 m. Athen, Akropolis-Museum 679. Schrader-Langlotz, Die Archaischen Marmorbildwerke von der Akropolis, 45, Nr. 4 Taf. 3–8.

18 – Gorgo Medusa mit ihren Kindern Pegasos und Chrysaor zwischen zwei Panthern. Mittelgruppe vom Giebel des Artemistempels auf Kerkyra, Kalksandstein. Um 580 v. Chr. Höhe der Gorgo 2,79 m. Kerkyra, Museum. G. Rodenwaldt, Korkyra. Die Bildwerke des Artemistempels, Berlin 1939.

19 – Zwei Löwen schlagen ein Rind. Hochrelief eines spätarchaischen Giebels, Marmor. Zusammenfügung in Gipsabgüssen der heute getrennten Hälften in New York, Metropolitan Museum, und Athen, Nationalmuseum. Gegen 500 v. Chr. Höhe 61,3 cm. G. M. A. Richter, Cat. of Greek Sculpture in the Metropolitan Museum of Art Taf. X 7.

Die Vorlage für Abb. 1 erhielten wir vom Nationalmuseum, Stockholm, die übrigen Vorlagen stellte freundlicherweise das Museum für Abgüsse klassischer Bildwerke, München, zur Verfügung.

1

3

2

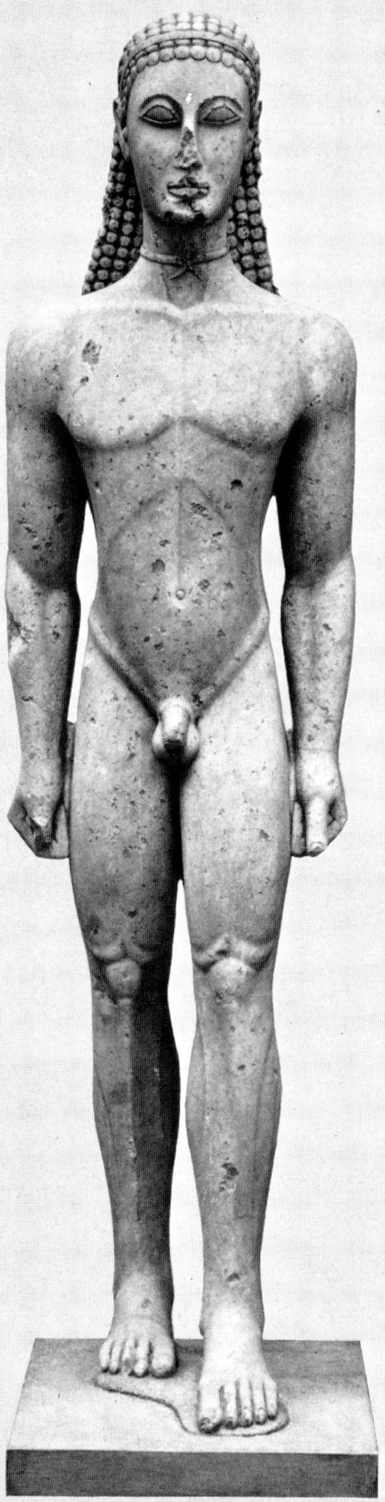

6

8

10

11

12

13

1

15

1

NACHWEISE ZUM TEXT

SEITE 4 Die Darstellung der archaischen Kunst Griechenlands verdankt den Monographien Humfry Paynes vor allem anderen das feste chronologische Gerüst. Jedoch hat er mit ihnen auch Beispiele dafür gegeben, wie die methodisch durchgeführte Behandlung einer einzelnen Denkmälergattung zugleich andere, landschaftlich oder zeitlich parallele Phänomene, ja auch noch kunstgeschichtliche Fakten früherer oder späterer Zeit erhellt. Insofern kann man davon sprechen, daß die Arbeiten des mit 34 Jahren Verstorbenen die Grundlage für eine neuerliche Beschäftigung mit der Kunst des archaischen Griechenlands sein müssen. Besonders auch deswegen, weil nur wenige so klar wie er die spezifischen Probleme der archaischen Kunst erkannt haben und noch wenigere imstande waren, kongenial etwas darüber auszusagen, zum Verständnis zu führen, zur Lösung beizutragen. Von seinen Schriften nenne ich:

Early Greek Vases from Knossos, in BSA. 29, 1927/28, 224
Cycladic Vase-Painting of the Seventh Century, in JHS. 46, 1926, 203
Protokorinthische Vasenmalerei, Berlin 1933
Necrocorinthia, Oxford 1931
Perachora, I: Oxford 1940; II: Oxford 1962
Archaeology in Greece, 1931–32, in JHS. 52, 1932, 236
Archaic Marble Sculpture from the Acropolis, London 1936
Biographie Paynes:
D. Powell, The Traveller's Journey Is Done, London 1943

SEITE 5 ALLGEMEINE LITERATUR ZUM THEMA DES BUCHES:
F. Matz, Die geometrische und die früharchaische Form (Geschichte der griechischen Kunst, Band I), Frankfurt a. M. 1950
ZUR ARCHAISCHEN PLASTIK:
Ch. Picard, Manuel d'Archéologie grecque, I, Paris 1935
ZUR ARCHITEKTUR:
W. B. Dinsmoor, The Architecture of Ancient Greece, London – New York – Toronto – Sidney 1950
G. Gruben, Die Tempel der Griechen, München 1966

SEITE 6 *V. Desborough,* Protogeometric Pottery, Oxford 1952

SEITE 7 *K. Kübler,* Kerameikos V 1, Berlin 1954
N. Himmelmann-Wildschütz, Der Mäander auf geometrischen Gefäßen, in Marburger Winckelmann-Progr. 1962, 10

SEITE 9 *G. Hafner,* Eine submykenische Stierplastik, in Jahrb. 58, 1943, 183
D. Ohly, Frühe Tonfiguren aus dem Heraion von Samos, I, in AM. 65, 1940, 57

SEITE 10 *H. Biesantz,* Die thessalischen Grabreliefs, Mainz 1965

SEITE 12 f. *H. Marwitz,* Kreis und Figur in der attisch-geometrischen Vasenmalerei, in Jahrb. 74, 1959, 52
H. Marwitz, Neue geometrische Tierbronzen, in Pantheon 23, 1965, 359
N. Himmelmann-Wildschütz, Bemerkungen zur geometrischen Plastik, Berlin 1964
K. Reinhardt, Die Ilias und ihr Dichter, Göttingen 1961

SEITE 13 f. *J. M. Davison,* Attic Geometric Workshops, New Haven 1961

SEITE 14 f. *R. Hampe,* Die Gleichnisse Homers und die Bildkunst seiner Zeit, Tübingen 1952
H. V. Herrmann, Werkstätten geometrischer Bronzeplastik, in Jahrb. 79, 1964, 17

SEITE 21 f. *P. Courbin,* Argos: Nécropole et céramique, in BCH. 78, 1954, 180

SEITE 22 f. *P. Courbin,* Une tombe d'Argos, in BCH. 81, 1957, 322

SEITE 24 f. *H. Drerup,* Zum geometrischen Haus, in Marburger Winckelmann-Progr. 1962, 1
E. Buschor, Frühe Bauten, in AM. 55, 1930, 1

SEITE 27 *D. Ohly,* Die Göttin und ihre Basis, in AM. 68, 1953, 27

SEITE 33 *H. Schleif,* Altarplatz im Heraion von Samos, in AM. 58, 1933, 157

SEITE 34 *T. Dunbabin,* The Greeks and their Eastern Neighbours, London 1957
T. Dunbabin, The Western Greeks, Oxford 1948

NACHWEISE ZUM TEXT

SEITE 35 — *R. D. Barnett,* Catalogue of the Nimrud Ivories, London 1957
E. Löwy, Typenwanderung, in ÖJH. 12, 1909, 243 und 14, 1911, 1
E. Homann-Wedeking, Anfänge der Großplastik, Berlin 1950

SEITE 36 — *P. Bocci,* Ricerche sulla ceramica cicladica, Roma 1962
I. Ström, Some Groups of Cycladic Vase-Painting from the Seventh Century B. C., in Acta Archaeologica 33, 1962, 221

SEITE 38 f. — *E. Mylonas,* Protoattikos Amphorevs tes Elevsinos, Athen 1957
E. Langlotz, Eine eteokretische Sphinx, in ›Corolla Ludwig Curtius‹, Stuttgart 1937
E. Kirsten, Das dorische Kreta, Würzburg 1942
P. Demargne, La Crète dédalique, Paris 1947

SEITE 39 f. — *E. Kunze,* Anfänge der griechischen Plastik, in AM. 55, 1930, 141

SEITE 41 — Vgl. die zu Seite 4 genannte Literatur
G. Rodenwaldt, Votivpinax aus Mykenai, in AM. 37, 1912, 129

SEITE 42 f. — *E. Douglas van Buren,* Greek Fictile Revetments, London 1926

SEITE 44 f. — In allernächster Zukunft wird die Monographie H. Berves über die Tyrannis erscheinen, auf die hier schon hingewiesen werden kann. Bis dahin:
H. G. Plass, Die Tyrannis, 2. Aufl., Leipzig 1859
W. v. Massow, Die Kypseloslade, in AM. 41, 1916, 1
Ch. Seltman, Cambridge Ancient History, Volume of Plates I, 274, Cambridge 1927

SEITE 47 — *K. Schefold,* Klassisches Griechenland: B. A. 18 und Fig. 36, Baden-Baden 1965
M. Collignon, La statuette d'Auxerre, in Monuments Piot 20, 1913, 5

SEITE 53 — *J. Marcadé,* Notes sur trois sculptures archaiques récemment reconstituées à Délos, in BCH. 74, 1950, 181
W. Schiering, Werkstätten orientalisierender Keramik auf Rhodos, Berlin 1954

SEITE 55 — *Ch. Clairmont,* Das Paris-Urteil in der antiken Kunst, Zürich 1952

SEITE 56 f. — *E. Buschor,* Altsamische Standbilder IV, Berlin 1960
D. Ohly, Zur Rekonstruktion des samischen Geräts mit dem Elfenbeinjüngling, in AM. 74, 1959, 48

SEITE 58 f. — *H. Walter,* Das griechische Heiligtum, München 1965
E. Kunze, IV. und VII. Bericht über die Ausgrabungen in Olympia, Berlin 1944 und 1961
G. Richter, Kouroi, 1. Aufl. New York 1942, 2. Aufl. London 1960

SEITE 60, 65 — *F. Nietzsche,* Die Philosophie im tragischen Zeitalter der Griechen, Manuskript von 1873, veröffentlicht posthum

SEITE 66 — *G. v. Kaschnitz-Weinberg,* Formprobleme des Übergangs von der archaischen zur klassischen Kunst, Manuskript von 1948, veröffentlicht in Ausgewählte Schriften I, Berlin 1965

SEITE 68 f. — *E. Buschor,* Frühgriechische Jünglinge, München 1950

SEITE 72 — *E. Harrison.* Fragments of an Early Attic Kouros from the Athenian Agora, in Hesperia 24, 1955, 290
E. Homann-Wedeking. Echtheitsargumente, in AA. 1963, 225

SEITE 77 — *Sp. Marinatos,* Le temple geométrique de Dréros, in BCH. 60, 1936, 214

SEITE 85 f. — *E. Buschor,* Ein Kopf vom Dipylon, in AM. 52, 1927, 205
G. Rodenwaldt, Korkyra II, Berlin 1939

SEITE 87 f. — *E. Spartz,* Das Wappenbild des Herrn und der Herrin der Tiere in der minoisch-mykenischen und frühgriechischen Kunst, Diss. München 1962

SEITE 89 — *E. Dyggve* u. a., Das Heroon von Kalydon, Kopenhagen 1934

SEITE 90 f. — *H. Bengtson,* Griechische Geschichte, 2. Aufl. München 1960

SEITE 99 — *E. Buschor,* Altsamische Stifter, in Festschrift Bernhard Schweitzer, ›Beiträge zur klassischen Altertumswissenschaft‹, Stuttgart 1954

SEITE 101 f. — *E. Langlotz,* Frühgriechische Bildhauerschulen, Nürnberg 1927

NACHWEISE ZUM TEXT

SEITE 103 Vgl. die zu Seite 4 genannte Literatur

SEITE 104 f. *W. H. Schuchhardt,* bei H. Schrader, Die archaischen Marmorbildwerke der Akropolis, Frankfurt a. M. 1939

SEITE 106 Einen sehr interessanten Aufsatz über den Stil des Reiters Rampin im Vergleich mit dem Relief des Diskusträgers einerseits und der Exekias-Kore andererseits wird Ch. Neumann in AM. 79, 1964 veröffentlichen

SEITE 108 f. *A. Lane.* Lakonian Vase-Painting, in BSA. 34, 1933/34, 99

SEITE 110 *J. D. Beazley,* The Development of Attic Black-Figure, Berkeley & Los Angeles, 1. Aufl. 1951, 2. Aufl. 1964

SEITE 117 f. *J. D. Beazley,* Potter and Painter in Ancient Athens, in Proceedings of the British Academy XXX

SEITE 119 f. *J. D. Beazley,* Attic Black-Figure, London 1928

SEITE 163 f. Sophokles, Ajas, Vers 657–663 und 815–823. Übersetzung nach *K. Reinhardt,* Sophokles, Frankfurt a. M. 1. Aufl. 1933, 3. Aufl. 1948

SEITE 165 *S. Karousou,* The Amasis Painter, Oxford 1956

SEITE 129 *A. v. Gerkan,* Der Poseidonaltar bei Kap Monodendri, Berlin 1915

SEITE 133 *H. Kähler,* Das griechische Metopenbild, München 1949

SEITE 134 Vgl. die zu Seite 85 f. genannte Literatur

SEITE 136 *E. Buschor,* Altsamischer Bauschmuck, AM. 72, 1959, 1

SEITE 142 *L. H. Jeffery,* The Local Scripts of Archaic Greece, Oxford 1961. Die Übersetzung nach W. Peek, Griechische Grabgedichte, Berlin 1960

SEITE 151 f. *R. Joffroy,* La tombe de Vix, in Monuments Piot 48, 1954, 1
A. Rumpf, Krater lakonikos, in Festschrift Ernst Langlotz ›Charites‹, Bonn 1957
E. Homann-Wedeking. Von spartanischer Art und Kunst, in Antike und Abendland 7, 1958, 63
M. Gjödesen, Greek Bronzes: A Review Article, in AJA. 67, 1963, 333
U. Häfner, Das Kunstschaffen Lakoniens in archaischer Zeit, Diss. Münster (Westf.) 1965

SEITE 153 f. Die hier vertretene Auffassung geht zum Teil auf mündliche Informationen zurück, die ich Chr. Karousos verdanke

SEITE 154 *Chr. Karousos,* Aristodikos, Stuttgart 1961

SEITE 156 *H. Diepolder,* Eine Neuerwerbung der Münchener Antikensammlungen, in Antike Kunst 5, 1962, 76
S. Karousou, Sophilos, in AM. 62, 1937, 111
I. Scheibler, Olpen und Amphoren des Gorgomalers, in Jahrb. 76, 1961, 1

SEITE 156 *W. Kraiker,* Eine Lekythos des Amasis im Kerameikos, in AM. 59, 1934, 19

SEITE 168 *A. Rumpf,* Chalkidische Vasen, Berlin 1927

SEITE 169 *R. Cook,* Fikellura Pottery, in BSA. 34, 1933/34, 1

SEITE 173 *A. Rumpf,* Endoios: ein Versuch, in Critica d'Arte 3, 1948, 41

SEITE 174 f. *P. de La Coste-Messelière,* Au musée de Delphes, Paris 1936
E. Langlotz, Zeitbestimmung der strengrotfigurigen Vasenmalerei und der gleichzeitigen Plastik, Leipzig 1920

SEITE 182 f. *E. Lapalus,* Le fronton sculpté en Grèce, Paris 1947

SEITE 184 *F. Krauss,* Die Tempel von Paestum, I: Der Athenatempel, Berlin 1959

SEITE 187 *A. Bruhn,* Oltos and Early Red-Figure Vase-Painting, Copenhagen 1943

SEITE 195 *K. Schefold,* Kleisthenes, in Museum Helveticum 3, 1946, 59

SEITE 195 f. Vgl. die zu Seite 4 genannte Literatur

SEITE 199 *F. Hiller,* Untersuchungen zur Ornamentik der attischen Vasen des 5. und 4. Jahrhunderts v. Chr., Diss. München 1955, unveröffentlicht
E. Löwy. Der Beginn der rotfigurigen Vasenmalerei, Wien 1938

SEITE 202 *W. F. Otto,* Dionysos, Frankfurt a. M. 1933

ABKÜRZUNGEN ZU DEN NACHWEISEN

AA. = Archäologischer Anzeiger (Beiblatt zum Jahrbuch des Deutschen Archäologischen Instituts)
AJA. = American Journal of Archaeology
AM. = Mitteilungen des Deutschen Archäologischen Instituts, Athenische Abteilung
BCH. = Bulletin de Correspondance Héllenique
BSA. = Annual of the British School at Athens
Jahrb. = Jahrbuch des Deutschen Archäologischen Instituts
JHS. = Journal of Hellenic Studies
ÖJh. = Jahreshefte des Österreichischen Archäologischen Instituts

GLOSSARIUM

Abacus
Oberstes, zum Gebälk überleitendes Glied eines Kapitells. In der dorischen Ordnung eine quadratische, glatte Deckplatte, in der jonischen mit Kymation verziert.

Alabastron
Beutelförmiges Salbfläschchen, nach seinem ursprünglichen Material benannt.

Amphora oder Amphore
Zweihenkliges Vorratsgefäß; die sog. Halsamphora hat einen abgesetzten Hals und zu ihm hochgeführte Henkel, an der sog. Bauchamphora geht der Hals unmittelbar in Schulter und Gefäßbauch über.

Aryballos
Einhenkliges, bauchiges Ölfläschchen mit abgeflachter Mündung, jüngere Beispiele meist kugelförmig.

Cella
Kern eines jeden Tempels, in Quadern errichteter rechteckiger Bau für das Kultbild.

Chiton
Hemdartiges Kleidungsstück aus dünnem Stoff, meistens mit relativ kurzen Ärmeln, die nur sehr selten genäht, in der Regel geknöpft sind; kann gegürtet oder ungegürtet, als einzige Bekleidung oder unter einem anderen Gewand getragen werden.

Echinus
Am dorischen Kapitell das runde ›Kissen‹ zwischen Säulenschaft und Abacus, am ionischen Kapitell Eierstabpolster zwischen den Voluten.

Entasis
Die spürbare und doch nicht übertrieben anmutende, kurvige Schwellung des Säulenumrisses.

Geison, Mehrz. Geisa
Dachgesims, über dem Gebälk einer Säulenordnung stark vorspringend (Horizontalgeison), auch ein Giebelfeld nach oben einrahmend (Schräggeison).

Kantharos, Mehrz. Kantharoi
Trinkgefäß mit zwei hochgezogenen Schlaufenhenkeln, Attribut des Dionysos.

Komos
Umzug fröhlicher Zecher, der Komasten.

Kore, Mehrz. Koren
griech. Mädchen, moderne Bezeichnung der archaischen Mädchenstatuen in dorischer oder jonischer Tracht.

Krater
Offener Kessel zum Mischen von Wein und Wasser, nach der Form der Henkel unterscheidet man Voluten- und Kolonettenkratere; ein jüngerer Typus ist der nach seinem Aufbau benannte Kelchkrater.

Kuros, Mehrz. Kuroi
griech. Jüngling, moderne Bezeichnung der nackten archaischen Jünglingsstatuen, deren genauere Deutung oft nicht möglich ist.

Kymation, Mehrz. Kymatien
Abschlußprofil, im Querschnitt von kurviger Form (Kyma = Welle); meist in der Architektur verwendet. Das einfachste Kymation ist ein vertikal nicht unterteilter, halbrunder Hori-

zontalstab. Das meist verwendete ›jonische Kymation‹ hat vertikale Unterteilungen, wodurch es zum ›Eierstab‹ oder ›Blattstab‹ wird. Beim ›lesbischen Kymation‹ endigen die Blätter des Blattstabs nicht rund, sondern spitz und sind im Querschnitt S-förmig geschwungen.

Lapithen
Griechenstamm in Thessalien, zu ihnen gehören der unverwundbare Kaineus und Peirithoos, der Freund des Theseus. Bei der Hochzeit des Peirithoos kam es zum Streit mit den als Gäste geladenen Kentauren.

Lekythos
Kleines Salbfläschchen oder größerer Ölkrug, in dem man den Toten spendete; häufige Grabbeigabe.

Lygos
Ein Strauchgewächs, das sich bei gärtnerischer Pflege zum Baum entwickelt, blau blühend (botanisch: agnus castus = Keuschlammstrauch).

Mänaden
griech. die Rasenden, Frauen in Rehfell und langem Gewand, mit den Satyrn zum ekstatischen Gefolge des Dionysos gehörend.

Metopen
Bemalte oder reliefgeschmückte Platten, am dorischen Gebälk mit den zweigekerbten Triglyphenplatten wechselnd (Metopen-Triglyphenfries).

Opisthodom
Im Tempel an die Cellarückwand anschließender Raum, zur Westseite geöffnet, oder durch Bronzegitter verschlossen und als Schatzhaus dienend.

Peplos
Ärmelloses Kleidungsstück aus dickerem Wollstoff, wird fast immer gegürtet und häufig mit einem ›Überschlag‹, der fast bis zum Gürtel herabreicht, getragen. Über den Schultern ist der Peplos in der Regel mit Nadeln gesteckt; auf der rechten Körperseite, wo zwei Stoffbahnen aneinander stoßen, kann er genäht oder auch offen sein.

Pinakes
Bemalte Holz- oder Tontafeln, Weihgeschenke in Heiligtümern.

Poros
Amorpher Kalkstein von nicht sehr hohem spezifischen Gewicht, der sich in frisch gebrochenem Zustand relativ leicht bearbeiten läßt.

Pygmäen
Mythisches Zwergvolk, dessen Saatfelder jährlich von Kranichen heimgesucht werden.

Satyrn
Mythische Waldbewohner, auch Silene genannt, im Gefolge des Dionysos, dargestellt als fette stumpfnasige Männer mit Pferdeohren und Pferdeschwanz, zuweilen auch Pferdebeinen.

Sima, Mehrz. Simen
Obere, reliefgeschmückte Leiste des Dachgesimses mit Wasserspeiern, im gleichen Material wie die Dachziegel gefertigt (Marmor oder Terrakotta).

Stylobat
Die oberste Schicht des Unterbaus eines Tempels, auf der die Säulen unmittelbar aufstehen.

Thiasos
Festlicher Reigen, speziell das dionysische Treiben von Satyrn und Mänaden.

Zahnschnitt
Reihe vorkragender ›Gebälkköpfe‹, in der jonischen Ordnung vom Architrav zum Dachgesims überleitend, von Kymatien eingefaßt.

ZEITTAFEL

Zeit		Historische Daten		Architektur, Plastik, Relief
	926	Zerstörung von Tell Abu Hawam in Palästina		
800				
				Heraion I. auf Samos
750		Gründung von Cumae		
				Kleinbronzen, Terrakotten
	735	Gründung von Syrakus		
	740–20	1. Messenischer Krieg		
	708	Gründung von Tarent		Elfenbeinfunde im Palast Sargons' II.
	722–05	Sargon II. von Assyrien		in Nimrud
700				
	690	Gründung von Gela		Sphyrelata
				Heraion II. auf Samos
	660–40	2. Messenischer Krieg		
650				
				Entstehung monumentaler Steinplastik
	ca. 636	Kylons Staatsstreich in Athen		auf den Kykladen und in Attika
	628	Gründung von Selinunt		
	621	Drakons Gesetzgebung in Athen		Jüngerer Apollontempel in Thermos
		Kypselos Tyrann von Korinth		
600				
		Periander Tyrann v. Korinth		
	594	Solons Archontat in Athen		Artemistempel auf Korfu
				Porosgiebel der älteren Akropolistempe in Athen
				›Rhoikostempel‹ auf Samos (Heraion I
	561–60	Peisistratos' Staatsstreich in Athen		Theodoros v. Samos, Architekt und Erzgie
	560–47	Kroisos König v. Lydien		Geneleos, Bildhauer
550				Artemistempel von Ephesos
				Apollontempel von Korinth
	ab 538	Polykrates Alleinherrscher auf Samos		Bildhauer: Endoios
	ca. 540–25	Lygdamis Tyrann auf Naxos		Aristokles
	528/27	Tod des Peisistratos		Antenor
	522	Tod des Polykrates	vor 525	Siphnierschatzhaus in Delphi
	514	Ermordung des Hipparchos durch Harmodios und Aristogeiton		Vollendung des älteren Apollontempel in Delphi
	510	Vertreibung des Hippias		
	508	Kleisthenes' Reform in Athen		
500				

ZEITTAFEL

	Keramik, Malerei		Kulturgeschichtliche Daten	Zeit
	Protogeometrische Keramik in Tell Abu Hawam			
				800
	Attisch-reifgeometrischer Stil	776	Beginn der olympischen Siegerlisten	
				750
	Beginn des frühprotokorinthischen Stils			
			Homerische Epen: Ilias	
	Attisch-spätgeometrischer Stil			
			Odyssee	
				700
	1. schwarzfiguriger Stil in Korinth (mittelprotokorinthisch) Frühattische Nessos-Amphora in New York		Hesiod	
			Tyrtaios	
	1. schwarzfiguriger Stil in Athen			650
			Archilochos v. Paros	
	Spätprotokorinth. Stil (Chigikanne)			
		624	Thales v. Milet geboren	
-10	Beginn des korinthischen Stils	611	Anaximander v. Milet geboren	
	Schwarzfigurige Nessos-Amphora in Athen		Alkaios u. Sappho v. Mytilene	
				600
	Attische Vasenmaler: Gorgomaler Sophilos Korinth: Timonidas			
		586	Anaximenes geboren	
		585	Sonnenfinsternis, von Thales vorausgesagt	
		580	Pythagoras geboren	
	Klitias und Ergotimos	570	Xenophanes geboren	
		566	Einrichtung der großen Panathenäen in Athen	
	Älteste Panathenäische Amphoren			
	Lydos Nearchos			
				550
	Amasis Attische Kleinmeister Exekias		Anakreon v. Teos	
			Simonides v. Keos	
530	Einführung der rotfigurigen Vasentechnik	534	Erste Tragödienaufführung in Athen (Thespis)	
	Andokidesmaler Psiax Oltos Epiktet Euthymides Euphronios Monumentalmalerei: Kimon v. Kleonai	510–500	Ephebenzeit des Leagros und Themistokles	
				500

VERZEICHNIS DER FARBTAFELN

QUELLENNACHWEIS DER FARBTAFELN UND ZEICHNUNGEN

Stiftung Preußischer Kulturbesitz, Antikenslg., Berlin, Abb. 60; Museum of Fine Arts, Boston, Abb. 14, 47; Châtillon-sur Seine, Abb. 46; Hirmer Fotoarchiv, München, Abb. 35; E. Homann-Wedeking, München, Abb. 2, 40; Metropolitan Museum, New York, Abb. 34, 44, 62; Foto Scala, Florenz, Abb. 32, 33; alle übrigen Farbabbildungen: Holle Bildarchiv, Baden-Baden. Fig. 1–4, 6, 8–12, 14–17, 19, 22–24, 26–37 zeichnete Heinz Prüstel, Mainz, und Fig. 18, 20, 21 F. Barault, Athen, nach vom Autor zur Verfügung gestellten Vorlagen. Die Zeichnungen 5, 7, 13, 25 wurden nach den zitierten Werken übernommen. Die Karte wurde nach Angaben des Autors von M. Schlatterer, Baden-Baden angefertigt.

REGISTER

(Die Kursivzahlen beziehen sich auf die Bildunterschriften)

INHALTSVERZEICHNIS